威盛中国芯 htc 成长数字营 创新课堂系列丛书

中国儿童青少年计算机表演赛辅导用书

北京市朝阳区校本选修课教材

网络信息搜索

威盛中国芯 htc 成长数字营活动办公室 组织编写

刘骥巍 梁 力 王 戈 高馨介 主编

科 学 出 版 社

北 京

内 容 简 介

信息是当今社会的重要资源，网络信息搜索是当代人的一项重要信息能力。本书是北京市朝阳区教育研究中心所承担课题的阶段性成果，作者结合多年的基层教学经验，针对青少年的知识需求和能力培养，系统介绍网络信息搜索的知识与技巧。全书分为9章，由浅入深、循序渐进地介绍文字、图像、日常生活等各类信息的搜索方法。本书注重解决问题的思路分析，配有精心设计的学习任务和练习题，教学任务力求从解决实际问题出发，以培养学生进行网络信息搜索的综合实践能力。

本书是中国儿童青少年计算机表演赛配套辅导用书，在每章"竞赛链接"部分配有表演赛精选试题，同时可作为中小学信息技术等相关课程的教材和参考书。

图书在版编目（CIP）数据

网络信息搜索 / 刘骥巍等主编；威盛中国芯HTC成长数字营活动办公室组织编写 .—北京：科学出版社，2013.11

（威盛中国芯HTC成长数字营创新课堂系列丛书）

ISBN 978-7-03-039040-0

Ⅰ.①网… Ⅱ.①刘… ②威… Ⅲ.①网络检索-中小学-教材

Ⅳ.①G634.671

中国版本图书馆CIP数据核字（2013）第259307号

责任编辑：张　濮 / 责任校对：宣　慧
责任印制：徐晓晨 / 封面设计：迷底书装

科 学 出 版 社 出版
北京东黄城根北街 16 号
邮政编码：100717
http://www.sciencep.com

北京虎彩文化传播有限公司 印刷
科学出版社发行 各地新华书店经销

＊

2013年11月第 一 版　　开本：787×1 092 1/16
2019年7月第三次印刷　　印张：7
字数：165 000

定价：59.00 元

（如有印装质量问题，我社负责调换）

编写委员会

顾　　问：倪光南　　吴文虎　　史建华
　　　　　韩玉书　　张云卿　　沙有威
主　　编：刘骥巍　　梁　力　　王　戈
　　　　　高馨介
成　　员：吕　萍　　于涵宇　　范圆圆
　　　　　胡　佳　　韩丽敏　　刘中臻
　　　　　付秋芝

✏ 丛 书 序

党的十八大报告明确把"信息化水平大幅提升"纳入全面建成小康社会的目标之一，大力推进信息化已成为事关国民经济和社会发展全局的重要举措。教育信息化是国家信息化的重要组成部分和战略重点，具有基础性、战略性、全局性地位。二十多年来，教育信息化得到了迅速发展，教育信息化日益被普及推广，对教育的改革和发展起到了重要推动作用。

威盛中国芯·HTC·成长数字营（以下简称"数字营"）是一个致力于推动教育信息化的公益项目，数字营目前主要有创新课堂、教育扶贫、未来教室三大项目。其中，创新课堂项目主要以提供信息技术创新应用课程、开展相关教师培训为核心，丰富教师的教学内容，拓展教师的教学思路。

随着信息技术的迅速发展，相关的教学内容也在不断更新，教师面临着新技术、新内容、新教学方法等多方面的问题。创新课堂系列丛书正是根据信息技术发展的需要，由一批相关领域的专家、学者，以及工作于教学第一线的教师共同编写而成的。本套丛书将目前国内外前沿的、具有实用价值和创新性的内容进行了科学、系统的整理和创新，作为对学校现有课程的延伸和补充，帮助教师提升自身的专业能力。

本套丛书及相关课程的开发主要结合了现代教育和社会热点，根据循序渐进的教学规律划分成若干阶段，并以趣味性的课堂设计引领学生进入课程学习。目前，丛书主要涉及信息技术的相关领域，将陆续推出《网络信息搜索》、《手机应用开发》、《3D 创意搭建》、《3D 仿真机器人》、《微型集成电路初探》、《电子音乐制作》等。

本套丛书具有较广的适用面，已经纳入北京市朝阳区校本选修课教材，可作为中国儿童青少年计算机表演赛等信息技术普及教育活动的辅导用书。

　　相信本套丛书的出版有助于进一步推动信息技术课程的研究和改革，对培养适应信息时代的高素质人才，提高青少年信息素养起到积极的作用。热忱欢迎全国教育界同行和关注青少年信息技术教育的广大有识之士对我们的工作提出宝贵意见和建议！

威盛中国芯·HTC·成长数字营活动办公室

2013 年 6 月

关于人对知识的掌握，在网络时代之前以知识的多少进行衡量；而在网络时代，则以信息获取的途径和信息获得的速度进行衡量。因此，获取信息是网络时代的一项必备能力，网络信息搜索的水平是这种能力的具体体现。

为促进初中信息学科的教学工作，北京市从2011年启动了市级课题"在初中信息学科教学中进一步培养学生学习兴趣、创新思维和实践能力的研究"，本书是其子课题"区级信息技术选修教材开发与应用研究"的阶段性成果。北京市朝阳区教育研究中心一直以来大力推广校本课程和选修教材的开发，结合"威盛中国芯·HTC·成长数字营"这一推行数字化教育的公益项目，我们组织编写了本书。我们希望以全新的数字化教育理念，推动教育教学改革的深入，丰富信息技术教师的教学内容，拓展教师的教学思路，从而促进以学生为中心的创新实践活动的开展。同时，也希望本书能为从事网络信息搜索教学的老师们带来启迪和思考。

本书全面、详细地介绍网络信息搜索的概念、方法和技巧，旨在培养学生通过互联网获取知识的能力。全书分为9章，从初识网络开始，先介绍互联网搜索引擎的基础知识和使用方法，然后分类别讲解不同类型信息的搜索方法，最后结合具体任务实现综合应用。

在本书的编写过程中，力求体现以下特色：

（1）既考虑新课标的要求，又兼顾课程内容在讲解逻辑上的合理性要求，结合学生的认知规律安排内容。

（2）努力汲取参考资料中关于信息搜索技术的精华，同时结合全体作者的教学实践经验，对相关内容加以归纳和综合。

（3）注重解决问题的思路分析，任务设计力求从解决实际问题出发。例如，在部分题目中提示了解题思路，引导学生使用科学有效的方法解决问题。活动的设计也是从学生的实际应用出发，让学生亲历处理信息的过程，培养他们的学习能力和网络信息搜索的综合实践能力。

（4）面向初中信息技术课程，为更好地适应不同地区和不同学校的教学差异，考虑到不同层次的学生需求，对学习任务和练习题目精心安排不同的难度。例如，从简单应用的"试一试"，扩展思路的"想一想"，到难度较大的竞赛题目链接，难度由浅入深、循序渐进。

本书是集体创作的结晶。中国儿童青少年威盛中国芯计算机表演赛专家顾问刘骥巍老师，北京市朝阳区教育研究中心网络教研室主任梁力老师、初中信息技术教研员王戈老师、兼职教研员高馨介老师负责组织本书的编写工作，第1章由吕萍编写，第2、3章由于涵宇编写，第4、5章由范圆圆编写，第6章由胡佳编写，第7章由韩丽敏编写，第8章由刘中臻编写，第9章由付秋芝编写。参与本书编写的人员都是来自教学一线的信息技术课程教师，大部分主持和参与过校级课题研究，具有丰富的教学实践经验。

本书的编写得到了威盛电子（中国）有限公司的大力支持，还得到了中国儿童青少年威盛中国芯计算机表演赛组委会黄鸣曦老师、科学出版社张濮编辑等专家与同仁的指导和帮助，在此表示衷心的感谢。

由于时间紧张、作者水平有限，书中难免有不妥之处，敬请广大读者和同行批评指正。

作　者
2013 年 6 月

目 录

第1章 初试搜索

百事通，你知道"天宫一号"绕地球飞行一圈需要多长时间吗？

这个，这个……我也不是很清楚。等我帮你查一下，小不懂。

百事通，你不是什么都知道吗？怎么还有不知道的事情？

哎，一个人知道的事情再多，也不可能比搜索引擎知道的多。让我来给你讲讲搜索引擎的故事吧！

一、学习要点

- 能够正确输入百度和谷歌搜索引擎的网址。
- 能够正确输入搜索内容。
- 能够正确进行搜索操作。
- 了解使用浏览器工具栏进行搜索的方法。
- 了解其他常用的搜索引擎。

二、任务分析

（一）百度搜索

搜索引擎是一个网站，所以当使用搜索引擎时需要在浏览器的地址栏中输入网址。打开浏览器，在地址栏中输入 www.baidu.com，进入网站首页，如图1-1所示。这个网站就是在中国使用人数较多的搜索引擎——百度。

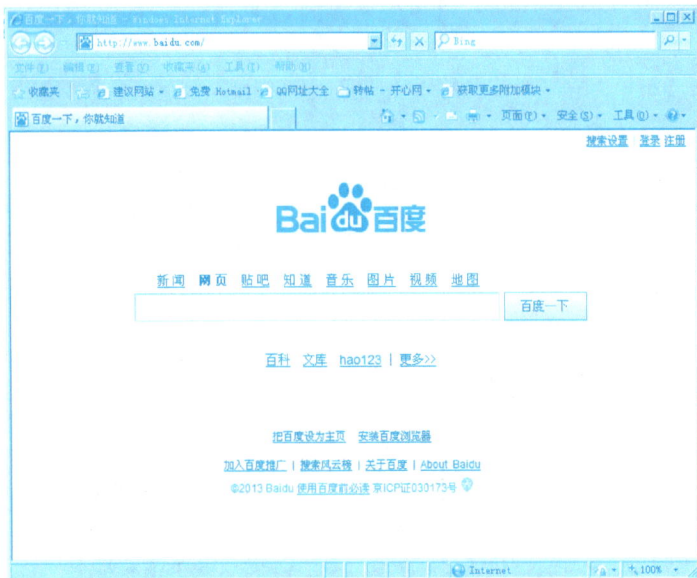

图 1-1　百度的首页

百度首页的界面很简单，主要内容都在中间的部分，具体说明如图 1-2 所示。

图 1-2　百度首页的主要部分

1）搜索方法

把搜索内容输入到搜索框，然后单击"百度一下"搜索按钮就可以进行搜索操作了。例如，我们回到本章开始的任务，在搜索框中输入"天宫一号"，然后单击搜索按钮，就会进入图 1-3 所示的页面。

2）结果查看

在图 1-3 所示界面中，单击第一条超链接，打开网页，如图 1-4 所示。从头到尾仔细阅读，不仅能够找到"天宫一号"大约 _____ 分钟绕地球飞行一圈，还可以看到其他相关信息。

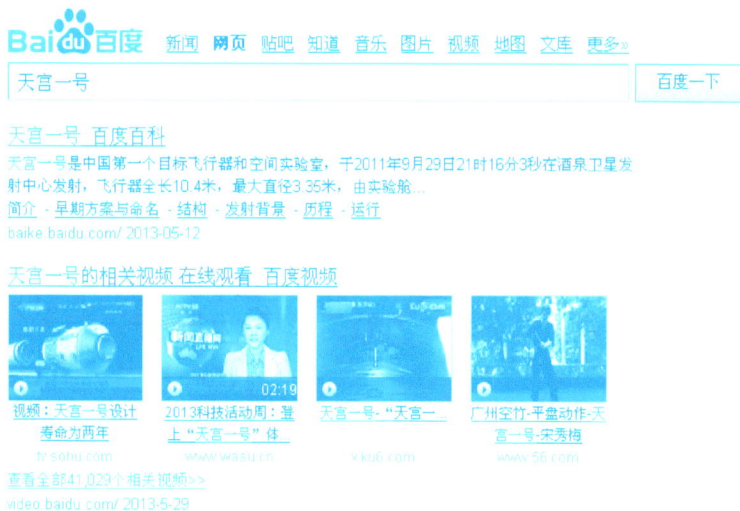

图 1-3　在百度中搜索"天宫一号"的页面

运行

天宫一号绕地球一圈的运行时间约为90分钟。[49]

天宫一号的运行轨道高度在与飞船交会对接时大约距离大气层340公里；无人期间则会适当调高，约370公里，以减小轨道衰减速度，更节约能源。[50]

主要任务

第一，天宫一号目标飞行器作为交会对接的目标，与神舟八号配合完成空间交会对接飞行试验。

第二，保障航天员在轨短期驻留期间的生活和工作，保证航天员安全。

第三，开展空间应用（包括空间环境和空间物理探测等）、空间科学实验、航天医学实验和空间战技术实验。

第四，初步建立短期载人、长期无人独立可靠运行的空间实验平台，为建造空间站积累经验。

模拟图：神州八号与天宫一号（左）对接 [51]

图 1-4　"天宫一号"相关信息

3）工具栏

除了通过输入网址打开搜索引擎之外，还能够以工具栏的方式使用搜索引擎。在浏览器的地址栏中输入 bar.baidu.com，进入百度工具栏的下载网页，如图 1-5 所示。

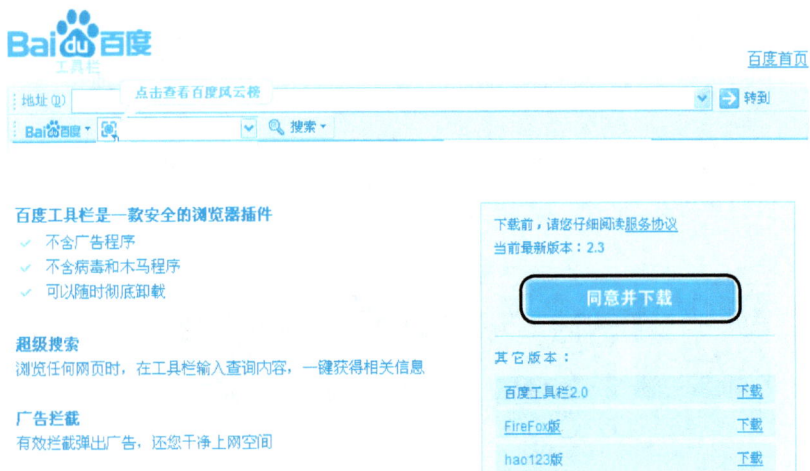

图1-5　百度工具栏的下载页面

单击"同意并下载"按钮，下载后双击安装文件，出现图1-6(a)所示的界面。单击"下一步"按钮，出现图1-6(b)所示的界面。

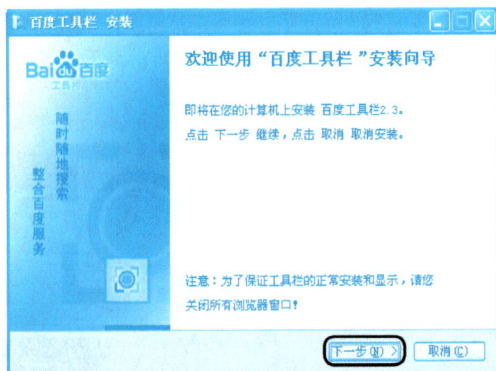

(a)

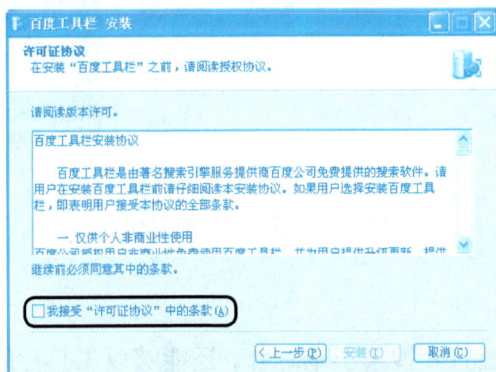

(b)

图1-6　百度工具栏的安装

选中"我接受'许可证协议'中的条款"复选框后，单击"安装"按钮，开始工具栏的安装。安装结束后，会在浏览器的地址栏上方出现百度工具栏，如图 1-7 所示。

图 1-7　百度工具栏

这样，以后在每次使用搜索引擎的时候就不需要再次输入网址了，只需要在工具栏的文本框中输入搜索内容，然后单击 搜索 按钮就可以了。

（二）谷歌搜索

谷歌（Google）是另一个搜索引擎，在世界范围内有着广泛的影响力，它是搜索引擎技术的引领者之一。

谷歌是由斯坦福大学的 Larry Page 博士和 Sergey Brin 博士在 1998 年创立的，几年间已发展成为目前规模最大的搜索引擎。谷歌每天需要处理约两亿次的搜索请求，数据库存有约三十亿个网页文件。

谷歌有四大功能模块：网站、图像、新闻组和目录服务，提供常规搜索和高级搜索两种服务，其搜索信息条目数量众多且支持多种语言。

谷歌搜索速度极快，网页数量在搜索引擎中名列前茅，支持多达 130 余种语言，搜索结果准确率高，具有独到的图片搜索功能和强大的新闻组搜索功能。

使用谷歌搜索时，需要在浏览器的地址栏输入 www.google.com.hk，进入图 1-8 所示的界面。

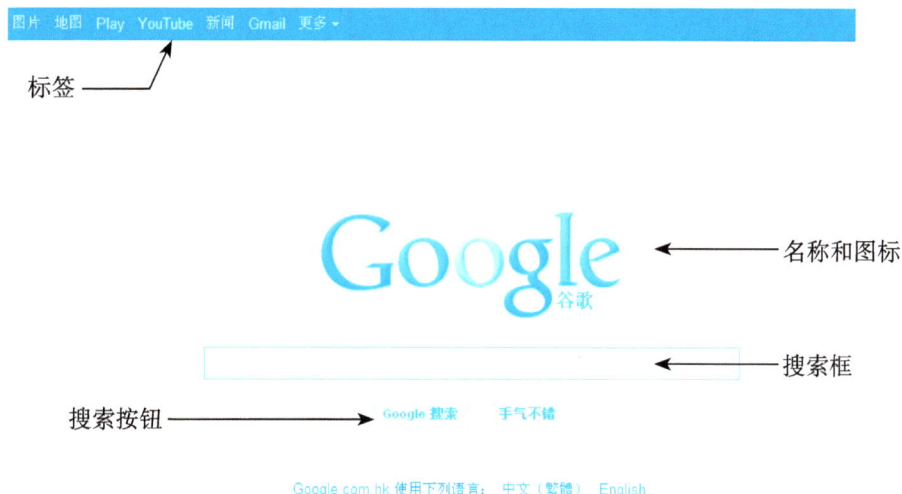

图 1-8　谷歌搜索引擎的首页

谷歌的首页与百度的非常相似,不同的是标签在页面的左上角,"Google 搜索"按钮的旁边多了一个"手气不错"按钮。如果输入关键词"天宫一号",再单击"手气不错"按钮,就可以直接进入"天宫一号"相关信息的页面,省去了中间查看搜索结果的过程。

除了 Internet Explorer 浏览器外,很多其他浏览器都集成了百度和谷歌的搜索功能。看看你常用的浏览器,有没有提供对这两个搜索引擎的支持。

(三)搜索示例

除了百度和谷歌之外,还有很多其他的搜索引擎,如必应、搜搜、搜狗、有道等。下面我们借助百度和谷歌来找到这些搜索引擎的地址。

【例 1-1】查找搜狗搜索引擎的主页。

首先,在百度工具栏中输入关键词"搜狗",如图 1-9 所示,再单击"搜索"按钮。

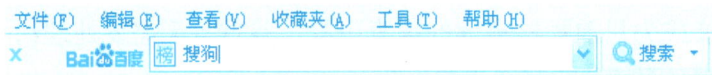

图 1-9　利用百度搜索"搜狗"

"搜狗搜索引擎"出现在搜索结果的第一项,如图 1-10 所示。

图 1-10　搜索结果出现"搜狗搜索引擎"

单击超链接,进入搜狗搜索引擎的主页,网址为 www.sogou.com,如图 1-11 所示。

图 1-11　搜狗首页内容

三、试一试

1. 找到必应搜索引擎的主页，并记录下来。
2. 找到有道搜索引擎的主页，并记录下来。
3. 找到搜搜搜索引擎的主页，并记录下来。

四、想一想

1. 查看6种不同搜索引擎首页的标签，分别记录下来，说说有什么不同。

2. 使用6种不同搜索引擎来搜索关键词"奥运会"，并查看第一项结果，看看搜索结果有什么不同并记录下来。

3. 使用6种不同搜索引擎来搜索关键词"詹姆斯"，并查看第一项结果，看看搜索结果有什么不同并记录下来。

4. 查看360搜索，看看它的哪一项是关于医疗健康的搜索引擎，并说说它的特点。

五、阅览室

全世界的互联网共有多少网页呢？

这是一个巨大且难以统计的数字，因为每一天网络都在不断地更新变化中，随着网络信息的增长，平均每天会有几十万的新页面出现。截至2012年1月，谷歌索引的网页数量已达到8亿。一般认为，现在全球的网页数量比人脑的细胞数量还要多。那么人脑有多少细胞呢？用搜索引擎来找一找吧。

在苍茫的互联网信息海洋中，搜索引擎就好比指南针，我们沿着它的指引就可以找到需要的知识。我们通过输入自己感兴趣的关键词来获取网络上的信息，就像传统意义上利用图书馆的标签一样。不同的是，当信息的总量还不是很大的时候，还可以通过人工的方式进行编辑和排序。实际上，最开始的搜索引擎就是人为编辑整理的信息系统。但随着信息量的激增，这种人工方式已不能适应用户的需求，于是由计算机程序提供自动分类和整理的方式就应运而生了。

在互联网上，人们获取信息的途径很多，我们可以在地址栏输入一个网址，也可以登录诸如搜狐、新浪这样的门户网站来获取信息。但它们的局限性很大，不能在很大程度上整合互联网的信息，而搜索引擎的出现恰恰满足了人们当时的需求，用户只需要简单地输入几个词就可以查看到自己想要的结果。

（一）搜索引擎发展经历的三个重要时期

搜索引擎自 20 世纪 90 年代初诞生以来，一直在不断更新和创新发展。以完全实现技术替代为依据，搜索引擎的发展可以分为三代：第一代搜索引擎的特征是目录式搜索，第二代搜索引擎的特征是基于关键词搜索，第三代搜索引擎的特征是基于自然语言的智能搜索。

以自然语言理解技术为基础的第三代搜索引擎，把基于关键词的搜索提升到了基于自然语言的搜索，对自然语言有一定的理解与处理能力。人机对话更直接、方便、轻松和智能化，这无疑给用户提供了巨大的便利。简便、智能、查全、查准、快速、安全是第三代搜索引擎的基本特点。

第三代搜索引擎的发展要经历三个阶段：第一阶段是基于自然语言搜索；第二阶段是基于语义搜索；第三阶段是基于语音搜索，这是搜索引擎的终极目标。目前，搜索引擎正处于第三代的第一个阶段，这是第三代搜索引擎的初级阶段，需要一个很长的过程。

（二）搜索引擎未来发展的八大趋势

搜索引擎的快速发展是近 15 年发生的事情，这与互联网的发展趋势密切相关。最近几年，互联网在经过了 Web 2.0 的市场培育阶段后，迎来了以互联网用户的个性化和社交化为中心的趋势。同时，移动设备的流行和两大趋势的融合，催生了很多新型应用。为了迎接和顺应这种趋势，搜索引擎也要面临新的挑战。

1. 社会化搜索

随着 Facebook 的流行，社交网络平台和应用占据了互联网的主流，社交网络平台强调用户之间的联系和交互，这对传统的搜索技术提出了新的挑战。

传统搜索技术强调搜索结果和用户需求的相关性。社会化搜索除了相关性外，还额外增加了一个维度，即搜索结果的可信赖性。对某个搜索结果，传统的结果可能成千上万，但用户社交网络内其他用户发布、点评或验证过的信息更容易被信赖，这是与用户心理密切相关的。社会化搜索为用户提供更准确、更值得信任的搜索结果。

2. 实时搜索

微博等个人媒体平台的兴起，使得对搜索引擎的实时性要求日益增高。实时搜索最突出的特点是时效性强，越来越多的突发事件首次发布在微博上，用户发布的信息第一时间应能被搜索引擎搜索到。

3. 移动搜索

随着智能手机的快速发展，基于手机的移动设备搜索日益流行，但移动设备有很大的局限性。屏幕太小、可显示的区域不多、计算资源能力有限、打开网页速度很慢、手机输入烦琐等，这些问题都需要解决。

4. 个性化搜索

个性化搜索主要面临两个问题：如何建立用户的个人兴趣模型，在搜索引擎里如何使用这种个人兴趣模型。个性化搜索的核心是根据用户的网络行为，建立一套准确的个人兴趣模型。而建立这样一套模型，就要收集与用户相关的信息，包括用户搜索历史、点击记录、浏览过的网页，用户 E-mail 信息、收藏夹信息，用户发布过的信息、博客、微博等内容。然后，比较常见的处理是从这些信息中提取出关键词及其权重。

为不同用户提供个性化的搜索结果是搜索引擎总的发展趋势，但当前的技术有很多问题，例如个人隐私的泄露；而且用户的兴趣会不断变化，过于依赖历史信息，可能无法反映用户的兴趣变化。

5. 地理位置感知搜索

目前很多手机已经有 GPS 应用，这是地理位置感知搜索的基础，并且可以通过陀螺仪等设备感知用户的朝向。基于这些信息，可以为用户提供准确的地理位置服务和相关的搜索服务。目前，此类应用已经非常多，如手机地图 app 等。

6. 跨语言搜索

这方面做得最好的是谷歌，谷歌目前已经提供多种语言之间的跨语言搜索。对于将中文的用户查询翻译为英文查询，目前主流的方法有 3 种：机器翻译、双语词典查询和双语语料挖掘。对于一个全球性的搜索引擎，具备跨语言搜索功能是必然的发展趋势，而其基本的技术路线一般会采用查询翻译加上网页的机器翻译这两种技术手段。

7. 多媒体搜索

目前搜索引擎的查询主要还是基于文字的，即使是图片和视频搜索，也是基于文本方式。那么，未来的多媒体搜索技术会弥补查询这一缺失。多媒体的形式除了文字，主要还包括图片、音频和视频。

多媒体搜索比纯文本搜索要复杂许多，一般多媒体搜索包含 4 个主要步骤：多媒体特征提取、多媒体数据流分割、多媒体数据分类和多媒体数据搜索引擎。例如，图片搜索的一般步骤为：缩小尺寸、简化色彩、计算平均值、比较像素的灰度、计算哈希值。

8. 情境搜索

情境搜索是融合了多项技术的产品，上面介绍的社会化搜索、个性化搜索、地理位置感知搜索等都支持情境搜索，目前谷歌正在大力提倡这一概念。

情境搜索是指，能够感知人与人所处的环境，针对"此时、此地、此人"来建立模型，试图理解用户查询的目的，根本目标是要理解人的信息需求。例如，某个用户在苹果专卖店附近发出"苹果"这个搜索请求，基于地理位置感知和用户的个性化模型，搜索引擎就有可能认为这个查询是针对苹果公司的产品，而非对水果的需求。

六、课后练习

（一）填空题

1. 在澳大利亚的草原上生长着一种高耸入云的巨树，它们一般都高达百米以上，最高的竟达 156 米，比美洲的巨杉还高 14 米，相当于 50 层楼的高度，人们把它称为树木世界里的最高塔，它的名字叫 _____。

2. 美洲大陆中段有一个"一河连两洋、一桥接两洲"的城市，这个跨洲连洋的城市是 _____。

3. 西欧的荷兰素被称为"郁金香之国"，郁金香与风车、奶酪、木鞋并称"_____"。

（二）简答题

请列举出搜索引擎能够做的事情（如寻找网址），并简要举例说明。

（三）制作题

请以"搜索的历史和未来"为题目，制作一篇演示文稿，简要介绍搜索引擎的历史现状与发展趋势。

七、竞赛链接

1. 在明清时代，高级别官员会身穿蟒袍，蟒袍和龙袍不同，蟒袍上的龙为

____爪。（填写阿拉伯数字）（第 22 届初赛）

提示：搜索关键词是蟒袍、龙、爪。

2. 春天的时候，很多地方一年的耕种又开始了。在明代和清代，春天的时候，皇帝会在 _____ 坛亲耕。（第 22 届初赛）

3. 亚力山大大帝是古代世界的征服者，他最主要的对手中有一个国家的君主是大流士三世，这个国家的后代是现在的 _____。（填写国家名称）（第 22 届初赛）

4. 中国近代著名作家曾仿照《爱丽丝梦游奇境》写过一篇爱丽丝来中国的小说，这位作家是 _____。（第 22 届初赛）

5. 如果发生异物进入呼吸道的情况，应该采用海氏 _____ 急救法进行急救。（填写英文单词，首字母大写，其余小写）（第 22 届初赛）

八、总结回顾

小不懂，经过前面的学习，你会用搜索引擎了吗？其实，搜索引擎的种类有很多，不只局限于百度、谷歌，我们还可以把百度和谷歌放在一起进行搜索。另外，还有必应、搜搜等其他搜索引擎，它们都可以实现信息的检索。

九、我的收获

学会的知识	取得的成果
1. 能够在对话框中正确输入搜索内容	"试一试" _____ 道题
2. 了解其他常用的搜索引擎	"想一想" _____ 道题
3. 了解搜索引擎的发展历程	"课后练习" _____ 道题
4. 灵活运用搜索引擎	"竞赛链接" _____ 道题

第2章　精确定位

小不懂，你在写什么？

呜呜……百事通，我的小乌龟丢了，我在写《寻龟启事》。快帮我看看：我家的小乌龟走失了，它有圆圆的小脑袋，四只小爪子，一个坚硬的壳儿，请大家帮忙找一找，特别特别感谢！

这是所有乌龟的特征，丝毫没有你家小乌龟的特点，你怎么能找到自己丢失的小乌龟啊？

啊，那要怎么写呢？

要写出它独有的特征，就像在网络中用关键词搜索一样，这样才能找到自己需要的东西。

一、学习要点

- 尝试在一段描述中寻找合适的关键词。
- 能够使用简单的关键词进行网络搜索。
- 对关键词选取是否正确能做出自己的判断。

二、任务分析

在繁杂的网络信息中，想要确切地查找到需要的信息，基本的搜索方法之一就是关键词搜索。关键词为搜索信息提供了一把"钥匙"，是帮助我们在网络信息海洋中精确定位的引路明灯。

（一）什么是关键词

关键词是输入到搜索框中的内容，是命令搜索引擎查找的部分。关键词的选取直接关系到搜索的速度和准确性，其形式可以是词语或句子，内容可以是人名、书名、地名、热点词汇、软件名称等，如图 2-1 所示。

(a) 搜索关键词 "微信"　　　　　　　　(b) 搜索关键词 "中国梦"

图 2-1　利用关键词搜索

（二）怎样选取关键词

1. 全句搜索

1）全句作为关键词

在搜索任务的字数不多又能表达中心意思的情况下，可以直接复制全句进行搜索。

【例 2-1】武昌起义的临时总指挥是 ＿＿＿＿＿＿＿。

（1）分析题目：全句表达的中心意思是询问武昌起义的临时总指挥是谁。

（2）确定关键词：武昌起义的临时总指挥是。

（3）在浏览器地址栏内输入百度首页的网址 http://www.baidu.com。

（4）在搜索框中输入关键词，即复制全句进行搜索，如图 2-2 所示。

图 2-2　全句作为关键词搜索

（5）单击 "百度一下" 按钮显示搜索结果页面，如图 2-3 所示。

（6）搜索引擎一般会在每条搜索结果的下方显示一段描述性的语言，里面包含输入的关键词，并且显示为红色，便于我们查找。如此一来，不需要单击超链接进入相关页面就可以找到所需信息，这也是精确定位搜索结果的一种方法。

根据搜索结果，可以确定答案为 "吴兆麟"。

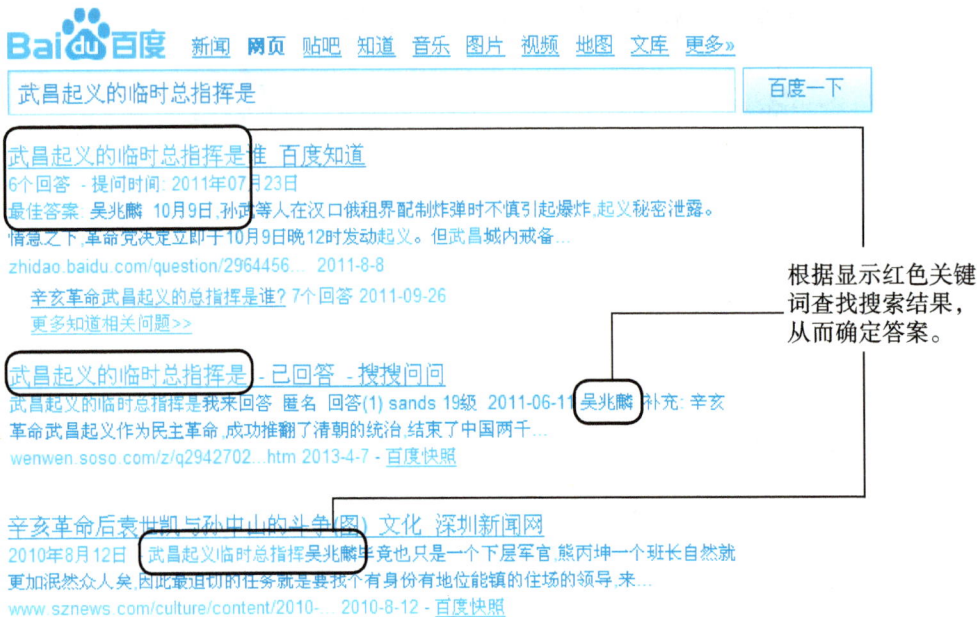

图 2-3　根据搜索结果确定答案

2）部分题目作为关键词

如果题目中的一部分内容可以表达中心意思，那么可以选取部分题目作为关键词进行搜索。

【例 2-2】科学幻想画是少年儿童展现创意的一个方式，每年的科技创新大赛也包含这一竞赛项目，第二十七届全国青少年科技创新大赛举办地是_____市。

（1）分析题目：我们可以采用主要词语加下划线的方式进行分析，题目的前半句介绍科学幻想画是创新大赛的比赛项目，即"科学幻想画是少年儿童展现创意的一个方式，每年的科技创新大赛也包含这一竞赛项目"。其中两个主要的词语是"科学幻想画"和"科技创新大赛"。

题目后半句询问第二十七届大赛的举办地，即"第二十七届全国青少年科技创新大赛举办地"。这与科学幻想画没有太大关联。

（2）如果复制全句进行搜索，则搜索结果如图 2-4 所示。

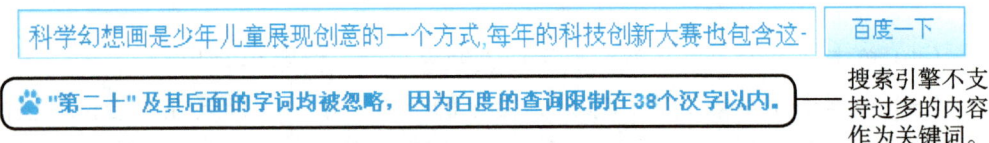

图 2-4　关键词过长

14

题目的前半句只是描述背景，可以忽略。因此，确定关键词为"第二十七届全国青少年科技创新大赛举办地"。

（3）在搜索框中输入关键词，即复制部分题目进行搜索，如图 2-5 所示。

新闻　**网页**　贴吧　知道　音乐　图片　视频　地图

第二十七届全国青少年科技创新大赛举办地　　　　　　　　百度一下

图 2-5　将部分题目作为关键词

（4）根据关键词从显示结果中查找答案，确定答案为"银川"，如图 2-6 所示。

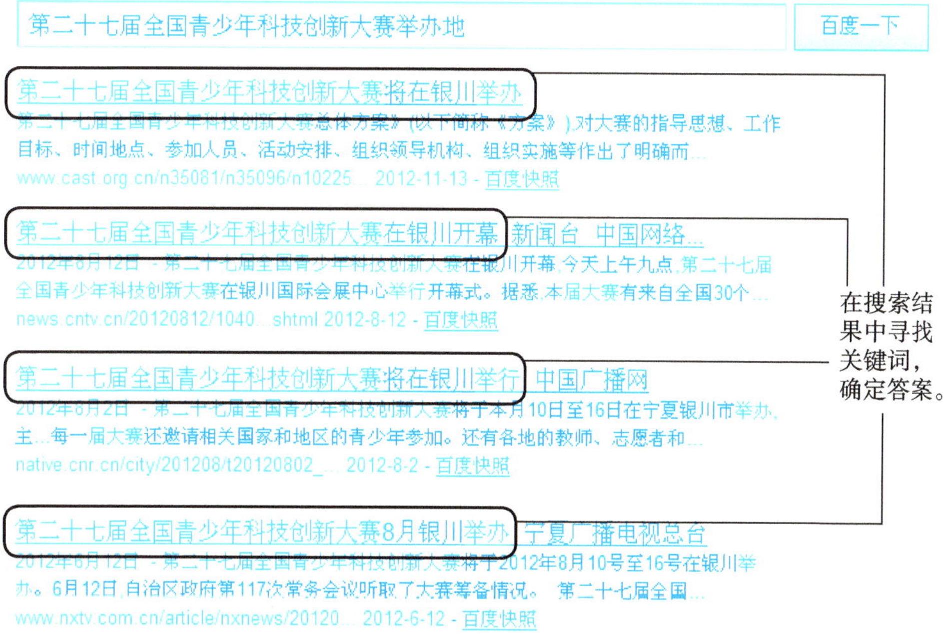

图 2-6　根据搜索结果确定答案

2. 简单关键词

除了要关注关键词的长度外，合理地选取关键词也是非常重要的。对于同样的搜索需求，不同关键词的选取可能带来不同的结果。

【例 2-3】地球内部某一部位突然发生断裂，将长期积聚的能量急剧释放出来，以地震波的形式向各方传播。这一类型的地震发生次数最多，破坏力也最大，约占世界地震的 90% 以上，你知道由此引起的地面震动称为 _____ 地震吗？

（1）分析题目。因为题目字数较多，所以可以分为三部分分析：

地球内部某一部位突然发生断裂，将长期积聚的能量急剧释放出来，以<u>地震</u>波的形式向各方传播；

这一类型的地震发生的次数最多,破坏力也最大,约占世界地震的 <u>90% 以上</u>;由此引起的地面震动称为 _____ 地震。

如果选取"地震"这个名词作为关键词,那么搜索引擎会自动提示一些相关的词语供我们选择。显然,关键词选取范围过大,搜索结果如图 2-7(a) 所示。

如果选取"地震波"作为关键词,这是个专业名称,那么搜索引擎搜索的结果与题目问题不符合。显然,关键词选取定位不准,搜索结果如图 2-7(b) 所示。

如果选取"地震类型"作为关键词,那么所有与地震类型有关的信息都会被搜索出来。显然,关键词选取限定不严格,搜索结果如图 2-7(c) 所示。

(a) 关键词选取范围过大

(b) 关键词选取定位不准

地震类型　　　　　　　　　　　　　　　　　　　　百度一下

地震的类型？_百度知道
2个回答 - 提问时间 2009年09月29日
问题描述：地震分成那些列别啊 帮帮我。
最佳答案：地震按照地震类型分类 有以下类型 ====构造地震(地下深处岩层错动、破裂所造成) ====火山地震(岩浆活动、气体爆炸等引起的) ===还有几种只占3% ===
zhidao.baidu.com/question/1193089　2009-9-30
　　地震的种类有哪些？2个回答-2008-05-14
　　哪一地震类型发生次数最多 7个回答 2012-11-25
　　更多相关知识问题>>

图 地震类型_百度文库
★★★★★ 评分:4/5 1页
地震类型 - 2011抗震考点大梳理 1 地震类型 构造地震 火山地震 地震类型 构造地震 火山地震 陷落地震和诱发 地震 地震 2 3 地震包括体波和面波 体波
wenku.baidu.com/view/2b20985777232f6　2012-6-3
　　地震的类型 doc 评分 2.5/5 3页
　　地理直属-各种地震类型归纳 doc 评分 4.5/5 4页
　　地震的成因与类型 影响 doc 评分 4/5 14页
　　更多文库相关文档>>

四种地震类型
2004年1月3日 - 据天津市地震局地震专家王公学介绍 在构造地震中 按照发震的序列特征 大致可分为四种类型 1、孤立型地震。没有前震 余震少而小 与主震震级相差悬殊
news.sina.com.cn/c/2004-01-03/133314　2004-1-3 - 百度快照

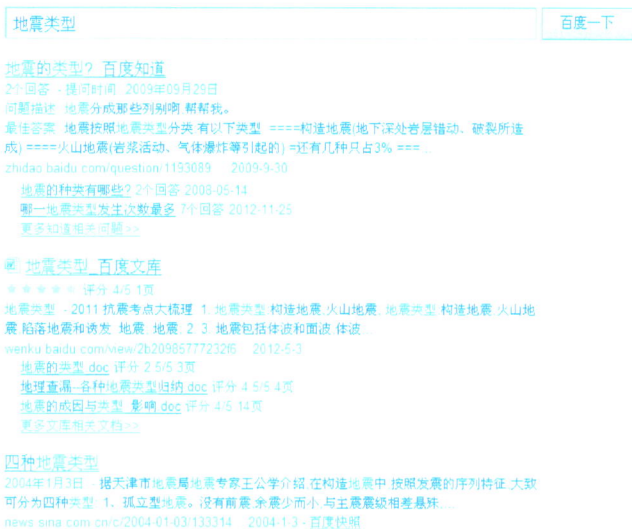

(c) 关键词选取限定不严格

图 2-7　关键词选取对搜索结果的影响

（2）确定关键词。因此，我们需要结合这几个主要词语，组成一个简单的关键词，来精确定位搜索结果。关键词选为“90% 以上地震类型”。

（3）在搜索框中输入简单关键词，如图 2-8 所示。

从一段描述中确定合适的关键词。—— 新闻　**网页**　贴吧　知道　音乐　图片　视频　地图
90%以上地震类型　　　　　　　　　　　　　　　百度一下

图 2-8　选取简单关键词

（4）根据关键词从搜索结果中查找答案，确定答案为“构造”，如图 2-9 所示。

90%以上地震类型　　　　　　　　　　　　　　　百度一下

哪一地震类型发生次数最多 百度知道
7个回答 - 提问时间 2012年11月25日
最佳答案 地震类型有 构造地震、火山地震、塌陷地震、诱发地震、人工地震。构造地震约占全世界地震的90%以上。 (什么是构造地震 由于地下深处岩层错动、
zhidao.baidu.com/question/5014003　2012-11-29 - 百度快照

地震的种类有哪些？ 百度知道
按照 因天然地震主要分为以下几种类型：构造地震 是由于地下岩层的快速破裂和错动所造成的 地震 占全球地震总数的90%以上。宁夏所发生的地震 绝大多数属于此种类型
zhidao.baidu.com/question/538299...html2013-2-22 - 百度快照

四种地震类型
2004年1月3日 - 一个地震序列中 最大的地震特别突出 所释放的能量占全部序列的90%以上 叫主震 其他的地震 发生在主震前的叫前震 发生在主震之后的叫余震。该类型地震
news.sina.com.cn/c/2004-01-03/133314　2004-1-3 - 百度快照

地震的分类
按照 因天然地震主要分为以下几种类型 构造地震 是由于地下岩层的快速破裂和错动所造成的 地震 占全球地震总数的90%以上。宁夏所发生的地震 绝大多数属于此种类型
www.cnr.cn/zhuanti/tsdz/dzzs/200607...2013-5-14 - 百度快照

从搜索结果下方的描述中寻找答案。

图 2-9　简单关键词搜索结果

三、试一试

1. 一位 _____ 国家的心理学家对长时记忆和遗忘进行了研究，并绘制了不同时间间隔的记忆节省图，通常称为保持曲线或遗忘曲线。

2. 一个被猛虎追赶的人，跑到悬崖边，无路可走，退回去会被老虎吃掉，往前走跌落悬崖必然粉身碎骨。两种结果都将威胁生命，都想避开，但是他只能逃避其中之一。这是心理冲突的 _____ 冲突类型。

四、想一想

1. 搜索引擎对关键词进行"询问"

【例2-4】神舟 _____ 号飞船是中国首次发射的载人航天飞行器？

如果输入到搜索框中的关键词误输入为"神州飞船"，那么显示什么样的搜索结果呢？如图 2-10 所示，搜索引擎会提示我们关键词是不是"神舟飞船"。

关键词中包含明显的别字或错字时，搜索引擎会自动询问。

神州飞船

您要找的是不是: 神舟飞船

图 2-10　搜索引擎自动询问

2. 使用常见词语作为简单关键词

【例2-5】手机的处理器和个人计算机不同，需要更低的功耗，它的指令系统的英文缩写为 _____。（填写英文字母大写）

如果输入"处理器"、"指令系统英文缩写"作为关键词，会显示什么样的搜索结果呢？如图 2-11 所示，搜索结果包含大量与题目不相关的信息。

3. 使用多义词作为关键词

【例2-6】_____ 程序是目前比较流行的病毒文件，它通过将自身伪装吸引用户下载执行，提供打开被感染计算机的门户，使程序设计者可以任意毁坏、窃取用户的文件，甚至远程操控被感染的计算机。

如果输入"病毒"作为关键词，会显示什么样的搜索结果呢？如图 2-12 所示，当关键词是多义词时，搜索结果范围太大，无法针对其中一种含义查询结果。

处理器	百度一下

最热处理器大全_ZOL中关村在线

热门品牌：Intel　AMD

CPU系列：酷睿i7三代　酷睿i5三代　酷睿i3三代　酷睿i7二代　酷睿i5二代

价位区间：300以下　300-500　500-800　800-1000　1000以上

☐ AMD A10-5800K（盒）

参考报价：¥800

插槽类型：Socket FM2　　　CPU主频：3.8GHz
制作工艺：32纳米　　　　　二级缓存：4MB
核心数量：四核心 四线程

详细参数　图片(30)　用户点评(32)　商家报价(262)

指令系统英文缩写	

精简指令集计算机的英文简称是什么？_百度知道

5个回答 - 提问时间：2011年09月20日

(2)RISC指令集 RISC是英文"Reduced Instruction Set Computing"的缩写,中文意思是"精简指令集"。它是在CISC指令系统基础上发展起来的,有人对CISC机进行测试...

zhidao.baidu.com/question/3213999... 2012-4-25 - 百度快照

arm中一些常见英文缩写解释 - ★★ 乐相随★★的日志 - 网易博客

1. arm中一些常见英文缩写解释 msb 最高有效位; lsb 最低有效位; ahb 先进...对于存储系统数据总线为16位的应用系统,arm体系提供了thumb指令集。thumb指令集是...

blog.163.com/shuchang2588@126/blog/s... 2013-1-17 - 百度快照

📄 单片机指令英文缩写全称_百度文库

★★★★★ 评分:3/5 5页

单片机指令英文缩写全称 - 51 单片机指令英文缩写全称 MCS-51 指令 (1)数据传送类指令(7 种助记符) 助记符 MOV MOVC MOVX XCH XCHD PUSH POP 英文注释 ...

wenku.baidu.com/view/f56fd833f111f18... 2011-12-26 - 百度快照

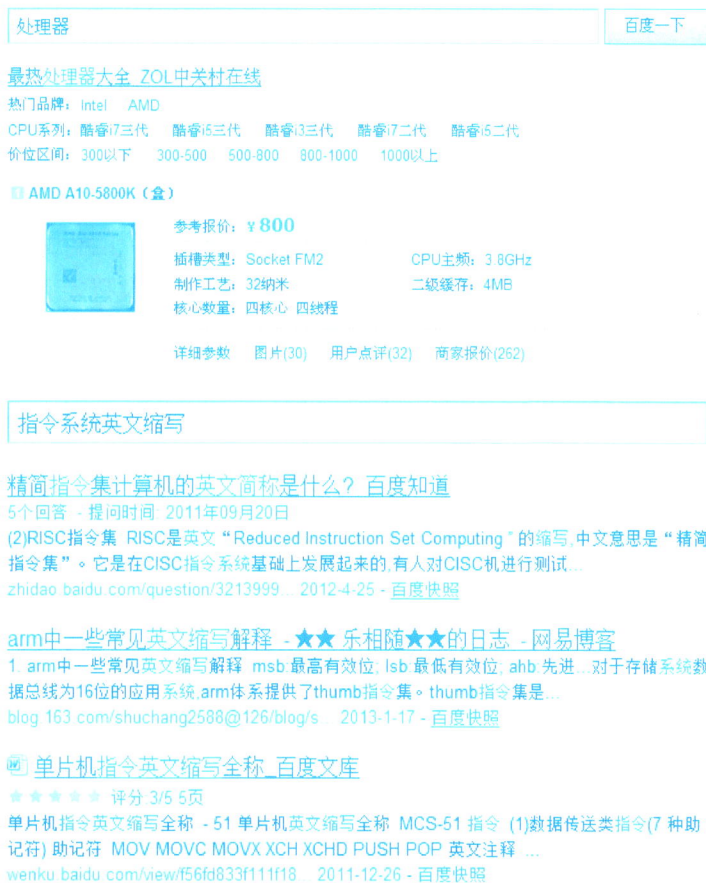

图 2-11　常见词语作为关键词

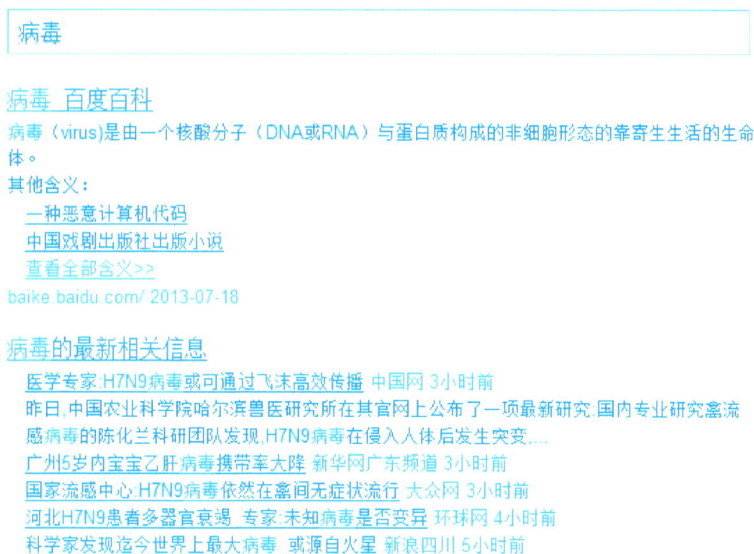

病毒	

病毒_百度百科

病毒（virus)是由一个核酸分子（DNA或RNA）与蛋白质构成的非细胞形态的靠寄生生活的生命体。

其他含义：

一种恶意计算机代码

中国戏剧出版社出版小说

查看全部含义>>

baike.baidu.com/ 2013-07-18

病毒的最新相关信息

医学专家:H7N9病毒或可通过飞沫高效传播 中国网 3小时前

昨日,中国农业科学院哈尔滨兽医研究所在其官网上公布了一项最新研究.国内专业研究禽流感病毒的陈化兰科研团队发现,H7N9病毒在侵入人体后发生突变,...

广州5岁内宝宝乙肝病毒携带率大降 新华网广东频道 3小时前

国家流感中心:H7N9病毒依然在禽间无症状流行 大众网 3小时前

河北H7N9患者多器官衰竭 专家:未知病毒是否变异 环球网 4小时前

科学家发现迄今世界上最大病毒 或源自火星 新浪四川 5小时前

图 2-12　多义词作为关键词

五、阅览室

搜索引擎优化

搜索引擎优化（简称 SEO）是指，从网站结构、内容建设方案、用户互动传播等角度进行合理规划，使网站更适合搜索引擎的检索原则的行为。SEO 的主要工作包括：通过了解各类搜索引擎抓取页面、进行索引以及确定其对特定关键词搜索结果排名等技术，对网页进行相关的优化，使其提高搜索引擎排名，从而提高网站访问量，最终提升网站的销售或宣传的效果。

SEO 可以帮助将网站中高质量的内容更好地呈现给搜索引擎，SEO 和搜索引擎是良性的共生关系。

SEO 自从 1997 年左右出现以来，逐渐分化成两类 SEO 行为：一类被称为"白帽 SEO"，另一类被称为"黑帽 SEO"。SEO 是一项重要且复杂的工作，聘请正规的白帽 SEO 顾问或者 SEO 公司可以帮助更好地优化网站。但是，有一些不道德的 SEO 会采用一些夸大的宣传欺骗站长，或者使用黑帽 SEO 手段获取流量，最终导致优化达不到预期效果，甚至因为黑帽 SEO 而带来负面影响。

六、课后练习

1. 有一种诞生于苏格兰的玩具，将有鲜艳颜色的实物放于圆筒的一端，利用光的_____原理，另一端用开孔的玻璃密封，由孔中可以看到花朵般的图案。

2. 网络购物中消费者将货款放到一个第三方交易平台账户上，由这个平台通知卖家发货，消费者收到商品并确认后，将利用此平台将货款付给卖家，至此完成一笔网络交易。阿里巴巴公司创立的这种平台叫_____。（填写中文名称）

3. 电影《2012》中一段情节是描写人们逃进建造好的大船中躲避洪水。在《圣经》中也有类似的描写，主人公和他的_____个儿子都幸免于难呢？（填写阿拉伯数字）

4. 语文课本中有一篇文章叫《庖丁解牛》，讲述的是一位叫庖丁的厨师为文惠君宰牛的故事，他的刀刃所到之处都迎刃而解，毫不费力。文章出自道家学派一本名著中的_____章节。

5. 与李白、李商隐并称唐代"三李"的诗人，被后世尊称为"_____"。（填写称号）

七、竞赛链接

1. 在 2010 年海峡两岸大学生辛亥革命历史文化专题辩论邀请赛上获得冠军的队伍，其在半决赛的辩题和一位辛亥革命的历史人物有关，这位人物是_____。（第 21 届）

2. 民国时期四大书法家，其中以楷书闻名的一位，在辛亥革命后曾任_____都督。（第 21 届）

3. 曾领导荣县起义、被称为革命老人的著名革命家，在新中国成立后曾担任_____大学校长的职务。（第 21 届）

4. 月球总是一面面对地球，但是我们能看到的月球表面积却是 59% 而不是 50%，造成这种现象的原因是_____现象。（第 21 届）

5. 在被称为"中国科技史上的坐标著作"中纪录了指南针的四种装置方法，其中作者最推崇的一种装置方法是_____法。（第 21 届）

八、总结回顾

小不懂，经过前面的学习，你会自己选取关键词了吗？如何在一段描述中寻找合适的关键词呢？其实就是要善于提取"核心信息"，选取恰当的词语来表达中心内容。这要求大家在准确理解文意的基础上找到有效信息，并从中筛选出核心内容，然后用最简洁的语言加以概括。

九、我的收获

学会的知识	取得的成果
1. 尝试在一段描述中，寻找合适的关键词	"试一试"_____道题
2. 能够使用简单关键词进行网络搜索	"想一想"_____道题
3. 对关键词选取是否正确，能做出自己的判断	"课后练习"_____道题
—	"竞赛链接"_____道题

第3章 快速准确

百事通，我在搜索框中输入两个、三个，甚至更多的关键词，搜索引擎能帮我更好地搜索吗？

可以，给出的关键词越具体，搜索引擎搜索的结果就越接近你想要查找的目标。

太好了，我现在就去输八个、十个词去。

这也太多了。关键词并不是越多越好，适当地使用多个关键词搜索才是最好的。

一、学习要点

- 能够使用多个关键词进行搜索。
- 了解利用符号辅助搜索的方法。

二、任务分析

（一）利用多个关键词搜索

大多数的搜索任务需要几个关键词共同使用，才能快速准确找到答案。不同关键词之间用一个空格隔开，可以获得更全面的搜索结果。

【例3-1】香港电影世界闻名，2012 年香港电影最高奖项，其中最佳影片的导演为 _____。

（1）分析题目：有时，题目的字数不多，但包含的内容很多，为了便于描述，需要几个关键词共同使用来锁定搜索结果，即"<u>香港</u>电影世界闻名，<u>2012</u> 年香港电影<u>最高奖项</u>，<u>最佳影片</u>的<u>导演</u>"。

（2）确定关键词：香港、2012 最佳影片、导演。

（3）将几个关键词同时输入到搜索框中，每个词语之间用空格分隔开，可以快速准确地一步完成搜索，如图 3-1 所示。

（4）在搜索结果中，根据红色字体的关键词查找答案，确定答案为"许鞍华"，如图 3-2 所示。

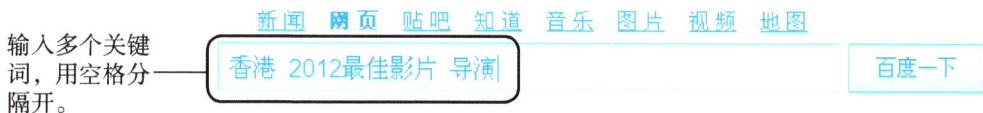

输入多个关键词，用空格分隔开。

图 3-1　使用多个关键词搜索

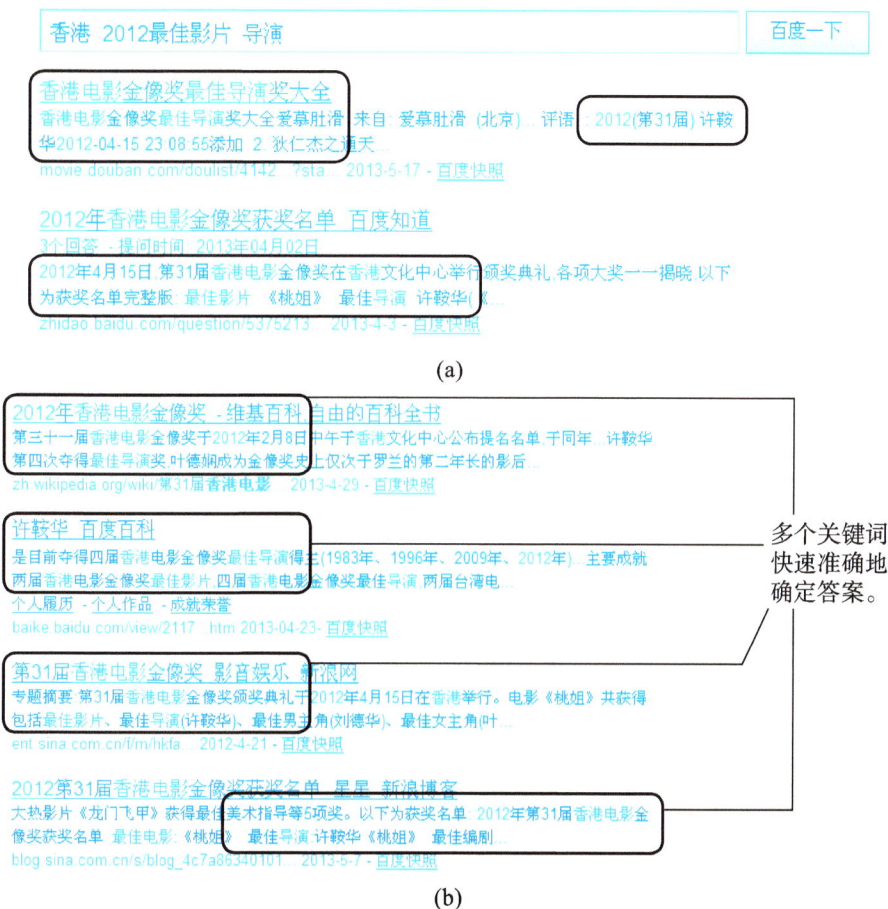

（a）

多个关键词快速准确地确定答案。

（b）

图 3-2　利用多个关键词确定答案

（二）辅助搜索

1. 减号的使用

如果要避免搜索某个词语，可以在这个词前面输入减号，即英文字符"-"。减号的作用是为了去除无关的搜索结果，提高搜索的相关性。需要注意的是，在减号之前必须留有一个空格，但减号和关键词之间不能留有空格。

【例 3-2】宋应星是我国古代著名科学家，他完成了一部著名的科学著作，你知道这部书中关于造纸的专章名称吗？

（1）分析题目：<u>宋应星</u>是我国古代著名科学家，他完成了一部著名的<u>科学著作</u>，这部书中关于<u>造纸的专章名称</u>。

（2）确定关键词：通过对题目的分析，提取几个主要词语：宋应星、科学著作、造纸专章名称。

我们先不急于进行搜索，而是先观察两个搜索结果。输入关键词"宋应星科学著作"，在页面下方观察搜索结果的数量，如图 3-3(a) 所示。再输入关键词"宋应星科学著作 – 其他著作"，观察搜索结果的数量，如图 3-3(b) 所示。

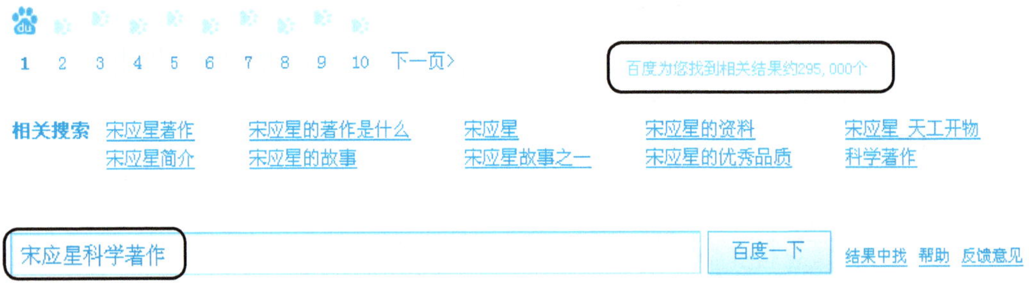

(a) 没有使用减号的搜索结果

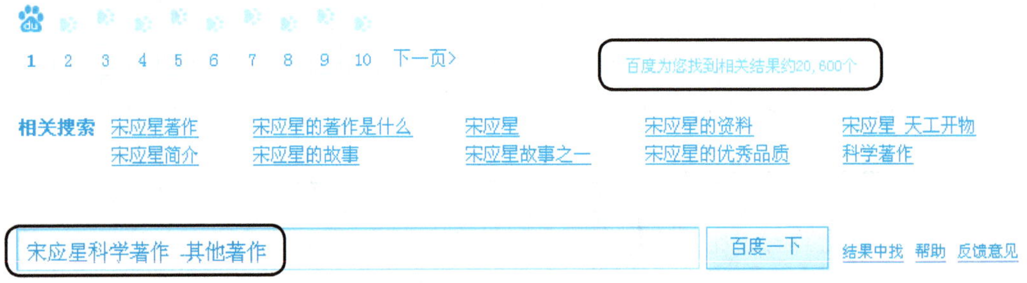

(b) 使用减号的搜索结果

图 3-3　搜索结果对比

（3）对比搜索结果可以很明显看出，如果添加减号，则搜索引擎会帮我们过滤掉一些不相关的信息，简化搜索结果显示内容，为快速、准确地查找搜索内容提供方便。

（4）从以上的搜索结果得到关键词为"天工开物"，如图 3-4 所示。

（5）再次输入关键词进行搜索，在搜索结果中，根据红色关键词，确定搜索答案为"杀青"，如图 3-5 所示。

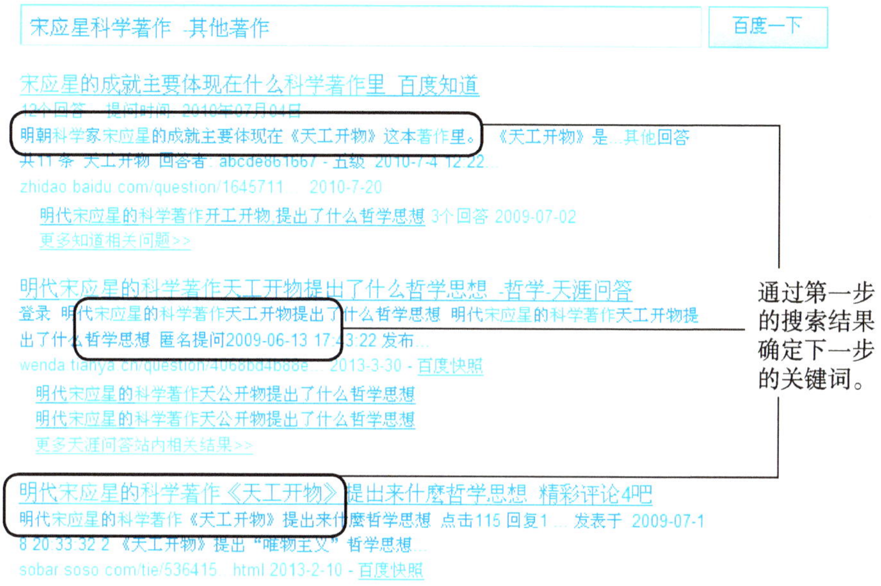

宋应星科学著作 -其他著作　　　　　　　　　　　　　　　　百度一下

宋应星的成就主要体现在什么科学著作里 百度知道

1个回答 - 提问时间：2010年07月04日

明朝科学家宋应星的成就主要体现在《天工开物》这本著作里。《天工开物》是...其他回答
共11条 天工开物 回答者 abcdee861667 - 五级 2010-7-4 12:22

zhidao.baidu.com/question/1645711　　2010-7-20

　　明代宋应星的科学著作开工物提出了什么哲学思想 3个回答 2009-07-02

　　更多知道相关问题>>

明代宋应星的科学著作天工开物提出了什么哲学思想 -哲学-天涯问答

登录 明代宋应星的科学著作天工开物提出了什么哲学思想 明代宋应星的科学著作天工开提
出了什么哲学思想 匿名提问2009-06-13 17:43:22 发布。

wenda.tianya.cn/question/4068bd4b88e...2013-3-30 - 百度快照

　　明代宋应星的科学著作天公开物提出了什么哲学思想

　　明代宋应星的科学著作天公开物提出了什么哲学思想

　　更多天涯问答站内相关结果>>

明代宋应星的科学著作《天工开物》提出来什麼哲学思想 精彩评论4吧

明代宋应星的科学著作《天工开物》提出来什麼哲学思想 点击115 回复1... 发表于 2009-07-1
8 20:33:32 2《天工开物》提出"唯物主义"哲学思想...

sobar.soso.com/tie/536415...html 2013-2-10 - 百度快照

通过第一步
的搜索结果
确定下一步
的关键词。

图 3-4　第一次搜索得到下一步的关键词

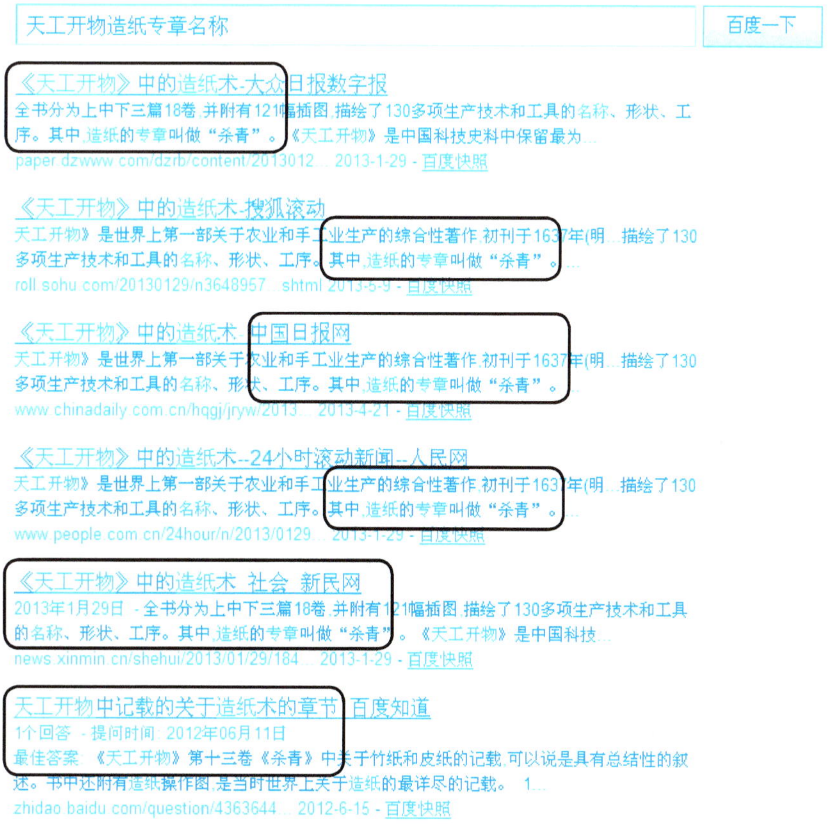

天工开物造纸专章名称　　　　　　　　　　　　　　　　百度一下

《天工开物》中的造纸术-大众日报数字报

全书分为上中下三篇18卷,并附有121幅插图,描绘了130多项生产技术和工具的名称、形状、工
序。其中,造纸的专章叫做"杀青"。《天工开物》是中国科技史料中保留最为...

paper.dzwww.com/dzrb/content/2013012...2013-1-29 - 百度快照

《天工开物》中的造纸术-搜狐滚动

天工开物》是世界上第一部关于农业和手工业生产的综合性著作,初刊于1637年(明...描绘了130
多项生产技术和工具的名称、形状、工序。其中,造纸的专章叫做"杀青"(...

roll.sohu.com/20130129/n3648957...shtml 2013-5-9 - 百度快照

《天工开物》中的造纸术-中国日报网

天工开物》是世界上第一部关于农业和手工业生产的综合性著作,初刊于1637年(明...描绘了130
多项生产技术和工具的名称、形状、工序。其中,造纸的专章叫做"杀青"。

www.chinadaily.com.cn/hqgj/jryw/2013...2013-4-21 - 百度快照

《天工开物》中的造纸术--24小时滚动新闻--人民网

天工开物》是世界上第一部关于农业和手工业生产的综合性著作,初刊于163年(明...描绘了130
多项生产技术和工具的名称、形状、工序。其中,造纸的专章叫做"杀青"。

www.people.com.cn/24hour/n/2013/0129...2013-1-29 - 百度快照

《天工开物》中的造纸术 社会 新民网

2013年1月29日 - 全书分为上中下三篇18卷,并附有121幅插图,描绘了130多项生产技术和工具
的名称、形状、工序。其中,造纸的专章叫做"杀青"。《天工开物》是中国科技...

news.xinmin.cn/shehui/2013/01/29/184...2013-1-29 - 百度快照

天工开物中记载的关于造纸术的章节 百度知道

1个回答 - 提问时间：2012年06月11日

最佳答案 《天工开物》第十三卷《杀青》中关于竹纸和皮纸的记载,可以说是具有总结性的叙
述。书中还附有造纸操作图,是当时世界上关于造纸的最详尽的记载。 1...

zhidao.baidu.com/question/4363644...2012-6-15 - 百度快照

图 3-5　根据搜索结果确定答案

2. 双引号的使用

如果输入的关键词较长，搜索引擎在经过分析后，可能将搜索结果中的关键词拆分。这时可以尝试给关键词加双引号，双引号中的文字就会成为一个整体，从而可以得到不同的搜索结果。

【例 3-3】美国最古老的大学坐落于美国的一个古老的城市，她是一所享有顶尖声誉、财富和影响力的学校。因为与英国的一所著名大学有很深的渊源，所以总部所在地地区的名称是 _____。（填写 3 个汉字）

（1）分析题目：<u>美国最古老的大学</u>坐落于美国的一个古老的城市，与英国一所著名大学有很深的渊源，<u>总部所在地地区的名称</u>。

（2）确定关键词：美国最古老大学、总部所在地。

（3）在搜索框中输入关键词，并查看搜索结果，如图 3-6 所示。

（4）将关键词加上双引号再次搜索，并查看搜索结果，如图 3-7 所示。

新闻　**网页**　贴吧　知道　音乐　图片　视频　地图

美国最古老的大学　　　　　　　　　　　　　　百度一下

(a) 较长的关键词

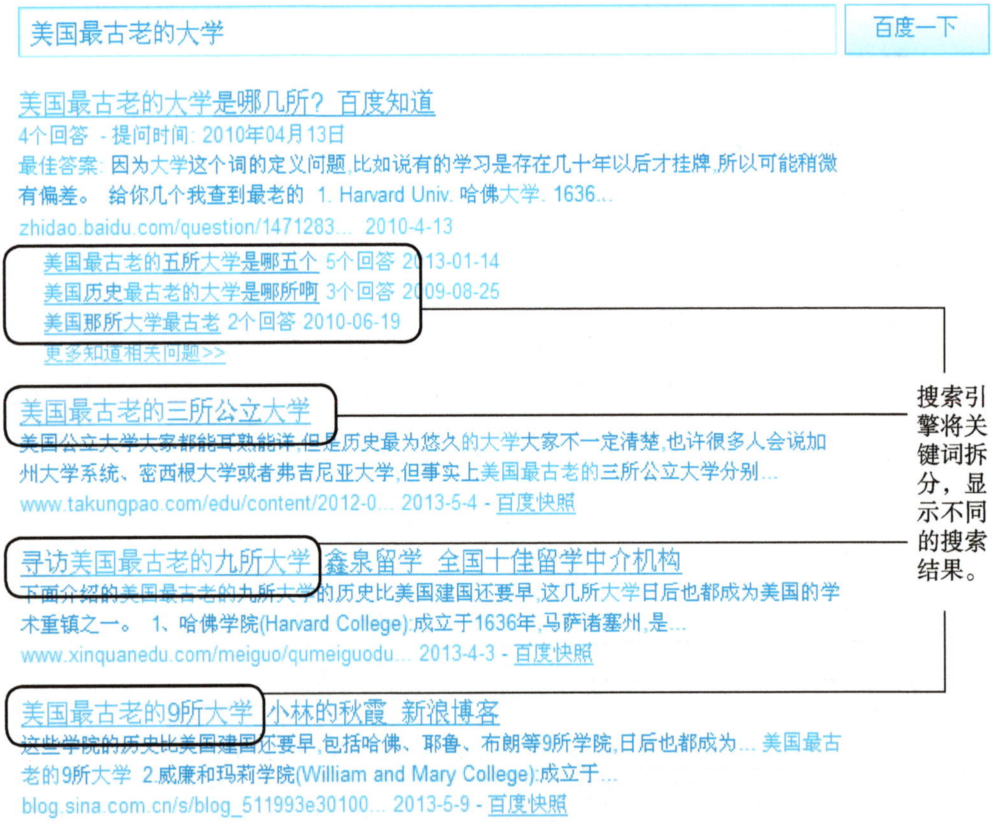

美国最古老的大学　　　　　　　　　　　　　　百度一下

美国最古老的大学是哪几所？百度知道
4个回答 - 提问时间：2010年04月13日
最佳答案：因为大学这个词的定义问题，比如说有的学习是存在几十年以后才挂牌，所以可能稍微有偏差。 给你几个我查到最老的 1. Harvard Univ. 哈佛大学. 1636...
zhidao.baidu.com/question/1471283... 2010-4-13

　美国最古老的五所大学是哪五个 5个回答 2013-01-14
　美国历史最古老的大学是哪所啊 3个回答 2009-08-25
　美国那所大学最古老 2个回答 2010-06-19
　更多知道相关问题>>

美国最古老的三所公立大学
美国公立大学大家都能耳熟能详，但是历史最为悠久的大学大家不一定清楚，也许很多人会说加州大学系统、密西根大学或者弗吉尼亚大学，但事实上美国最古老的三所公立大学分别...
www.takungpao.com/edu/content/2012-0... 2013-5-4 - 百度快照

寻访美国最古老的九所大学_鑫泉留学 全国十佳留学中介机构
下面介绍的美国最古老的九所大学的历史比美国建国还要早，这几所大学日后也都成为美国的学术重镇之一。 1、哈佛学院(Harvard College)成立于1636年，马萨诸塞州，是...
www.xinquanedu.com/meiguo/qumeiguodu... 2013-4-3 - 百度快照

美国最古老的9所大学_小林的秋霞_新浪博客
这些学院的历史比美国建国还要早，包括哈佛、耶鲁、布朗等9所学院，日后也都成为... 美国最古老的9所大学 2.威廉和玛莉学院(William and Mary College)成立于...
blog.sina.com.cn/s/blog_511993e30100... 2013-5-9 - 百度快照

搜索引擎将关键词拆分，显示不同的搜索结果。

(b) 关键词被拆分

图 3-6　关键词未使用双引号的搜索

新闻　**网页**　贴吧　知道　音乐　图片　视频　地图

"美国最古老的大学"　　　　　　　　　　　　　　百度一下

(a) 关键词加双引号

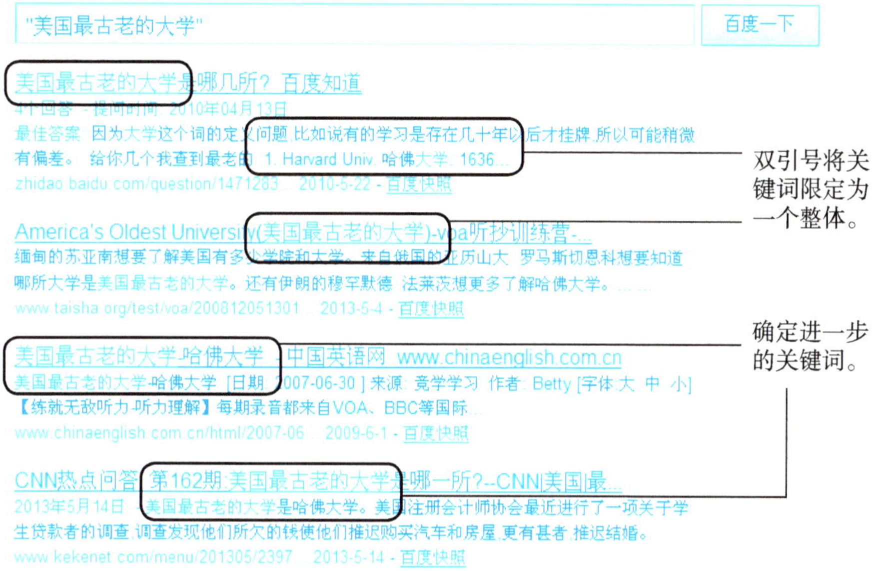

"美国最古老的大学"　　　　　　　　　　　　　　百度一下

美国最古老的大学是哪几所？ 百度知道
4个回答 - 提问时间：2010年04月13日
最佳答案：因为大学这个词的定义有问题 比如说有的学习是存在几十年以后才挂牌 所以可能稍微
有偏差。 给你几个我查到最老的 1. Harvard Univ. 哈佛大学 1636.
zhidao.baidu.com/question/1471283 - 2010-5-22 - 百度快照

America's Oldest University(美国最古老的大学)-voa听抄训练营-
缅甸的苏亚南想要了解美国有多少学院和大学，来自俄国的历山大 罗马斯切恩科想要知道
哪所大学是美国最古老的大学。还有伊朗的穆罕默德 法莱茨想更多了解哈佛大学。
www.taisha.org/test/voa/200012051301 - 2013-5-4 - 百度快照

美国最古老的大学哈佛大学 中国英语网 www.chinaenglish.com.cn
美国最古老的大学 哈佛大学 [日期：2007-06-30] 来源：竞学学习 作者：Betty [字体 大 中 小]
【练就无敌听力-听力理解】每期录音都来自VOA、BBC等国际
www.chinaenglish.com.cn/html/2007-06 - 2009-6-1 - 百度快照

CNN热点问答 第162期 美国最古老的大学是哪一所？--CNN美国最
2013年5月14日 美国最古老的大学是哈佛大学。美国注册会计师协会最近进行了一项关于学
生贷款者的调查 调查发现他们所欠的钱使他们推迟购买汽车和房屋 更有甚者 推迟结婚
www.kekenet.com/menu/201305/2397 - 2013-5-14 - 百度快照

双引号将关
键词限定为
一个整体。

确定进一步
的关键词。

(b) 关键词成为一个整体

图 3-7　关键词使用双引号的搜索

（5）再次输入关键词进行搜索，并根据搜索结果确定答案为"剑桥城"，
如图 3-8 所示。

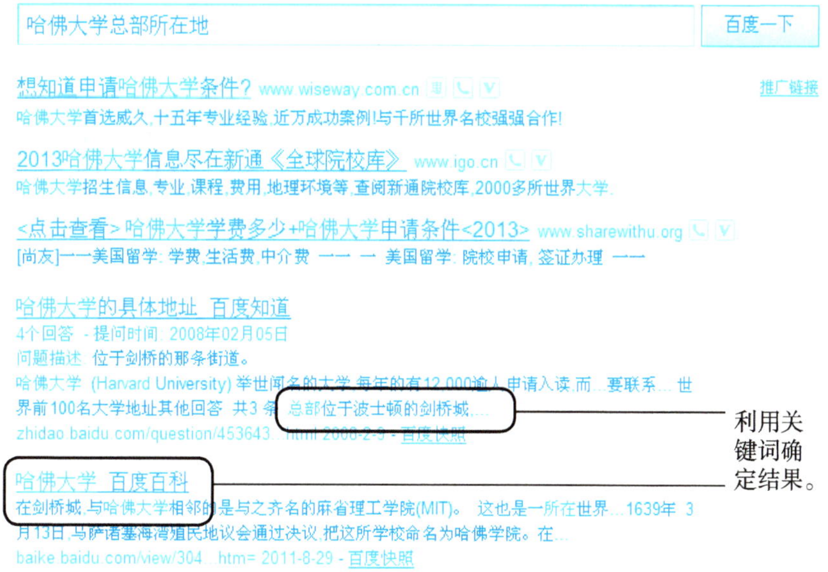

哈佛大学总部所在地　　　　　　　　　　　　　　百度一下

想知道申请哈佛大学条件？ www.wiseway.com.cn 📧 💬 ⌄　　　　　　　推广链接
哈佛大学首选威久，十五年专业经验 近万成功案例与千所世界名校强强合作!

2013哈佛大学信息尽在新通《全球院校库》 www.igo.cn 💬 ⌄
哈佛大学招生信息 专业 课程 费用 地理环境等 查阅新通院校库,2000多所世界大学.

<点击查看>哈佛大学学费多少+哈佛大学申请条件<2013> www.sharewithu.org 💬 ⌄
[尚友]——美国留学：学费 生活费 中介费 —— 美国留学：院校申请、签证办理 ——

哈佛大学的具体地址 百度知道
4个回答 - 提问时间：2008年02月05日
问题描述：位于剑桥的那条街道。
哈佛大学 (Harvard University) 举世闻名的大学 每年的有12,000逾人申请入读 而 要联系 世
界前100名大学地址其他回答 共3 条 总部位于波士顿的剑桥城
zhidao.baidu.com/question/453643 html 2008-2-5 - 百度快照

哈佛大学 百度百科
在剑桥城 与哈佛大学相邻的是与之齐名的麻省理工学院(MIT)。 这也是一所在世界 1639年 3
月13日 马萨诸塞海湾殖民地议会通过决议 把这所学校命名为哈佛学院。在
baike.baidu.com/view/304 htm= 2011-8-29 - 百度快照

利用关
键词确
定结果。

图 3-8　确定答案

三、试一试

1. 中国历史上有一位著名作家自称为铜豌豆，有一部话剧以这位作家命名，话剧的作者是 _____ 。（填写作者中文笔名）

2. 我国的节日往往与文化历史密切相关。与"春城无处不飞花"这句唐诗有关的节日就和某个历史人物相关。我国有一个县级市命名也与这个人物有关，它是 _____ 市。（填写城市中文名称）

四、想一想

输入到搜索框中的关键词可以没有数量限制，越多越好吗？

五、阅览室

常用的辅助搜索方法

（一）布尔逻辑检索

布尔逻辑检索是指利用布尔逻辑运算符连接各个检索词，然后由计算机进行相应的逻辑运算，从而找出所需信息的方法。这种检索使用面较广、使用频率很高。最常用的布尔逻辑运算符有三种：逻辑"与"、逻辑"或"、逻辑"非"。它们的用途和表示如下表所示。

逻辑词	用　途	表　示
逻辑"与"	搜索两个或两个以上的关键词时，搜索结果中必须同时包含这些关键词	A AND B（一些搜索引擎还支持符号表示，如 *、&、空格）
逻辑"或"	搜索结果中至少包含一个指定关键词或同时包含所有关键词	A OR B（一些搜索引擎还支持符号表示，如 +、|）
逻辑"非"	表示排除某一指定关键词	A NOT B（一些搜索引擎还支持符号表示，如 -、^、!）

在实际使用过程中，可以将各种逻辑关系综合运用，灵活搭配，以便进行更加复杂的搜索。运算优先级别从高至低依次是 NOT、AND、OR，可以使用括号改变运算次序。

【例3-4】如果需要搜索结果同时显示"电子书包"和"传统书包"两个关键词，那么可以如图 3-9(a) 进行搜索。

【例3-5】如果需要查找"电子书包"或"传统书包"两个关键词中的任意一个，那么可以如图 3-9(b) 进行搜索。

【例3-6】如果仅需要搜索关键词"电子书包"而不希望搜索结果中包含"传统书包"的内容，那么可以如图 3-9(c) 进行搜索。

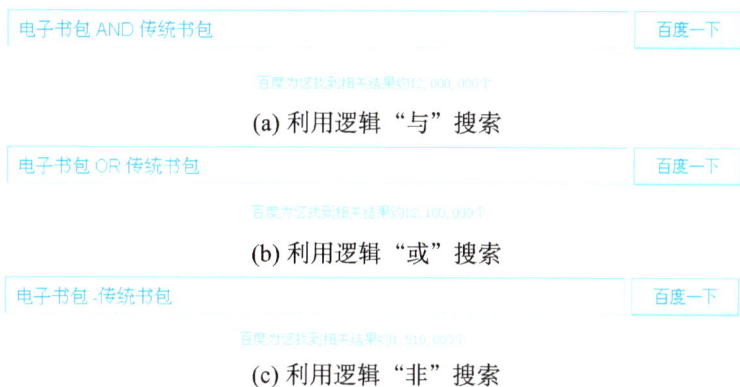

(a) 利用逻辑"与"搜索

(b) 利用逻辑"或"搜索

(c) 利用逻辑"非"搜索

图 3-9 布尔逻辑检索示例

（二）其他检索方法

其他的检索方法有截词检索、邻近检索等，可以根据不同的需要选择适合的检索方法。

关键词的表示形式可以是多样的，不同语言形式混合能够作为关键词，不同符号也可以连接关键词进行辅助搜索，下面以中英文混合搜索为例说明。

【例3-7】小米手机是小米公司发布的中国首款双核 1.5GHz、高性能智能手机。小米的创始人、CEO 在 1999 年出任 _____ 网董事长。

要完成这个搜索任务，搜索条件如图 3-10 所示。

图 3-10 中英文混合搜索

六、课后练习

1. 二十四节气中的第四个节气当天会出现什么天文现象？_____。（填写 4 个汉字）

2. 在罗马神话中，苹果引发了一场持续十年之久的战争，请问这个引发战争的苹果最后被送给称为 _____ 的女神？（填写中文通称）

3. 在中国一所大学的校园中，摆放着一种利用日影测量时刻的计时仪器，它是 1920 届校友捐赠给学校的毕业纪念物，其上方所刻文字的国外译文是哪种文字？ _____ （填写 3 个汉字）

4. 人头牌一般指扑克牌中的 K、Q、J 三种牌，牌面上印有人像图案。在欧洲用君主称呼扑克牌中的人物，其中侧面像的国王手拿的是什么武器？ _____ （填写 2 个汉字）

5. "嫦娥奔月"是我国家喻户晓的民间传说，这也是人们对于宇宙探索的渴望。如今，这一愿望已逐渐变为现实。我国首颗绕月人造卫星已于 2007 年成功发射，该卫星的姐妹星曾经成功飞越编号为 _____ 的小行星。（填写阿拉伯数字）

七、竞赛链接

1. 武昌起义中军政府大门和主楼上端的牌匾题词的人，新中国成立后创立的一份儿童杂志叫做《_____》。（第 20 届）

2. 谭延闿曾评价孙中山先生的书法似一位古人，这位古人最著名的一幅行书作品为 _____ 帖。（第 20 届）

3. 扬州广陵古籍刻印社、南京金陵刻经处、四川德格印经院代表中国申报的一项非物质文化遗产，目前存世的采用这一工艺制作的作品，现存于 _____ 博物馆。（第 20 届）

4. 2001 年诺贝尔物理学奖颁发给了三位科学家，他们的成就是验证了用两位科学家名字命名的一种现象，这两位科学家中没有获得过诺贝尔奖的一位是 _____ 人。（填写国家）。（第 20 届）

5. 可以这样形容的一类电池是 _____ 电池。
（1）高的能量密度　　　（2）高的工作电压　　　（3）无记忆效应
（4）循环寿命长　　（5）无污染　　（6）重量轻　　（7）自放电小
（第 20 届）

八、总结回顾

小不懂，经过前面的学习，你会自己使用多个关键词进行搜索了吗？当一个关键词不能满足搜索需要时，我们可以有选择地利用多个关键词进行快速准确的搜索，有时还可以利用一些符号来辅助搜索。

九、我的收获

学会的知识	取得的成果
1. 能够使用多个关键词进行搜索	"试一试" _____ 道题
2. 了解利用符号辅助搜索的方法	"课后练习" _____ 道题
—	"竞赛链接" _____ 道题

第4章 搜索进阶

百事通，网页搜索的结果太多啦！我点得手都酸了，还没找到要找的信息！

你可以尝试只从网页标题或指定从某个站点找信息啊！

哦，还可以这样，还有什么好办法，都告诉我吧！

别着急，搜索引擎提供了很多高级搜索功能来满足我们搜索的需要，我慢慢告诉你。

一、学习要点

- 了解网络搜索主要的语法。
- 了解各个语法的作用和用法。
- 学会利用语法解决实际问题。

二、任务分析

（一）精确匹配——书名号和星号

1. 强制书刊名、歌曲名、影视作品等精确匹配搜索

书名号是百度中的一个搜索方法，中文书名号是可被查询的。加上书名号的关键词有两层特殊功能，一是书名号会出现在搜索结果中，二是被书名号括扩起来的内容不会被拆分。使用书名号在某些情况下特别有效，如查找名字很通俗和常用的电影或者小说。

例如，查找电影《手机》时，如果不加书名号，那么在很多情况下搜索出来的是通信工具手机，如图 4-1 所示。当加上书名号后，搜索结果就都是关于电影

方面的了，如图 4-2 所示。

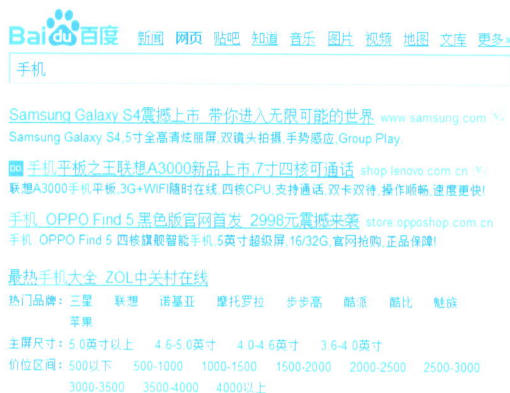

图 4-1　关于通信工具手机的搜索结果

图 4-2　关于电影《手机》的搜索结果

2. 使用星号通配符

星号"*"是常用的通配符，可以用在搜索中。百度不支持星号搜索指令。在谷歌中搜索"* 国"，其中的"*"代表任何文字。返回的结果会出现"吴国"、"越国"、"卫国"等内容，如图 4-3 所示。

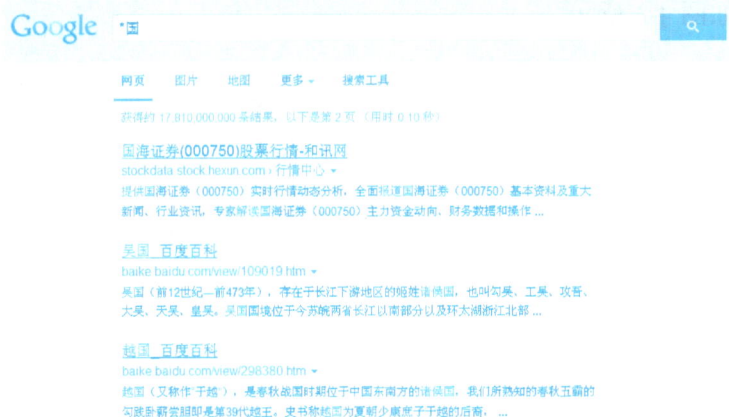

图 4-3 使用通配符的搜索结果

（二）把搜索范围限定在网页标题中

网页标题通常是对网页内容提纲挈领式的归纳，在网页标题中进行搜索就好像我们看报纸时先浏览大标题一样。把查询范围限定在网页标题中，有时能让我们从繁多的信息中解脱出来。

把搜索范围限定在网页标题中，可以把查询内容中的关键部分用"intitle:"标记出来。例如，在网页标题中查找"中考作文范文"时，搜索关键词可以表示为"intitle: 中考作文范文"，如图 4-4 所示。需要注意的是，"intitle:"和后面的关键词之间不要有空格。

图 4-4 在网页标题中搜索

如果在 intitle 后面有两个关键词，就会出现第一个关键词出现在标题中，而第二个关键词出现在正文或标题中。如果把一个关键词放在前面，例如在标题出现"圆明园"的网页中查找有关键词"历史"的页面，就会出现图 4-5 所示的结果。

当然，也可以选择"圆明园历史"作为关键词，但是没有这样搜索的效果好，注意在"历史"后面要有一个空格。

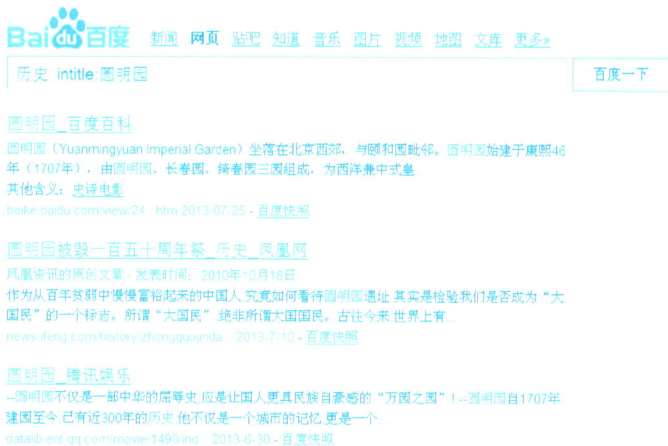

图 4-5 在网页和标题中搜索多个关键词

（三）把搜索范围限定在特定站点中

有时候，如果知道某个站点中有自己需要找的东西，那么可以把搜索范围限定在这个站点中，从而提高查询效率。

在具体查询时，可以在查询内容的后面加上"site: 站点域名"。例如，从天空网下载 MSN 软件，可以查询"msn site:skycn.com"，如图 4-6 所示。

需要注意的是，关键词与"site:"之间必须用空格隔开；site 后的冒号可以是半角字符":"也可以是全角字符"："，百度搜索引擎会自动辨认；"site:"后不能有"http://"前缀或"/"后缀，网站频道只局限于"频道名 . 域名"方式，不能是"域名 / 频道名"方式。

图 4-6 从天空网下载 MSN 软件

（四）搜索指定类型的文档

谷歌和百度都支持 filetype 指令，用于搜索特定类型的文档。例如，搜索"filetype:pdf SEO"，返回的结果就是包含 SEO 这个关键词的所有 PDF 文件，如图 4-7 所示。如果没有设定文档类型，则搜索结果如图 4-8 所示。

图 4-7　搜索指定类型的文档

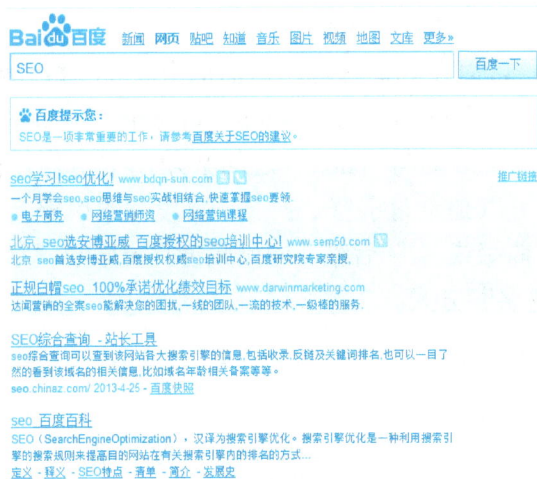

图 4-8　没有设定文件类型时的搜索结果

（五）搜索包含多组关键词的文件

"allintitle:"搜索返回页面标题中包含多组关键词的网页。例如，对于"allintitle: 麦蒂火箭队"，搜索引擎优化的结果就是返回在标题中同时包含"麦蒂"和"火箭队"的网页，如图 4-9 所示。如果只使用"intitle: 麦蒂火箭队"，则会返回在网页标题中包含麦蒂，而在网页内容或标题中出现火箭队的网页。

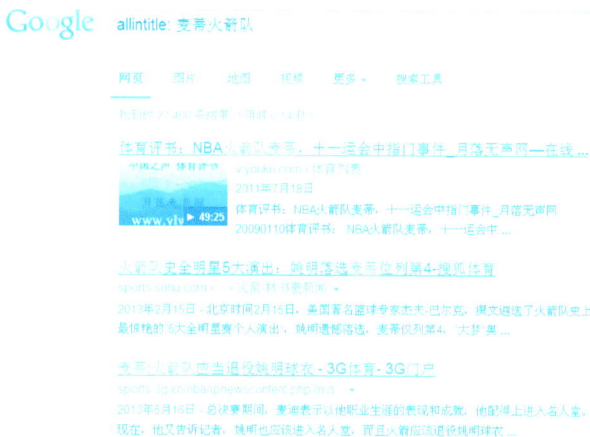

图 4-9　包含多个关键词的搜索

（六）高级搜索和个性设置

　　如果对百度的搜索语法不熟悉，那么可以使用百度集成的高级搜索页面，来方便地进行各种搜索。在百度搜索框中输入"高级搜索"，再单击出现的第一个搜索结果，就会进入高级搜索页面，如图 4-10 所示。

图 4-10　高级搜索页面

　　还可以根据自己的习惯，改变百度默认的搜索设定，如每页搜索结果的数量、搜索结果的页面打开方式等，单击百度首页右上方的"搜索设置"超链接就可进入设置页面。

三、试一试

　　1. 使用谷歌的高级搜索。

2. 查找微软网站上关于 Windows 7 的安全课题资料。
3. 利用搜索引擎搜索一份"电子小报"案例。

四、想一想

1. 搜索多组关键词还有哪些方法？
2. 利用搜索引擎查找"hydrophobia"和"diapedesis"的中文意思。

五、阅览室

inurl 鲜为人知的网络搜索技巧

搜索引擎命令是一种很神奇的查询命令，可以帮助我们迅速地找到想要的外链（指从别的网站导入到自己网站的链接），更好地利用论坛、博客或者交换友情链接等网络资源。下面就介绍一些 inurl 的使用方法。

1. 更准确地查找外链

例如，你是生产整体橱柜的厂商，想要在网上查找橱柜方面的博客做外链，那么可以在百度搜索"橱柜 inurl:blog"。这些结果就是与橱柜相关的博客，你可以在其中留言并顺带放上网址，这样外链的相关性就会好一些。同样，对论坛也是如此。如果想查找与橱柜相关的论坛，那么可以搜索"橱柜 inurl:bbs"。

以 gov.cn 和 edu.cn 结尾的网站权重比较高，想要查找这类网站做外链也是很简单的。在百度搜索"bbs inurl:gov.cn"的结果是政府机关方面的论坛，搜索"blog inurl:gov.cn"的结果是政府机关方面的博客。同理，可以查找教育方面的论坛和博客。

2. 更准确地了解发外链的结果

例如，你申请了一个新浪博客用于给自己的网站做外链，想要知道你在新浪博客发表的文章有多少篇被百度收录了，那么可以在百度搜索"www.xxx.com inurl:sina"（xxx 是你网站的名称）。再如，想要查看在百度的相关产品（如百度知道、百度空间）中有多少带 www.xxx.com 的文章被收录了，那么可以搜索"www.xxx.com inurl:baidu.com"。

六、课后练习

　　1. 搜索网页标题中含有"南瓜饼"的网页。
　　2. 搜索网页标题中含有"互联网"的网页。

七、竞赛链接

　　1. 诺贝尔曾在实验中失去他的一位亲人，这位亲人是他的＿＿＿＿。（第22届）
　　2. 我国首颗探月探测器使用的是"长征三号"＿＿＿＿运载火箭。（第22届）
　　3. 诺贝尔奖中没有数学奖，号称数学诺贝尔的奖项是＿＿＿＿奖。（第22届）
　　4. 2008年诺贝尔经济学奖得主任教于＿＿＿＿。（第22届）

八、总结回顾

　　小不懂，通过这节课学习了如何搜索指定类型的文件，如何在限定范围内的站点中搜索相关的内容，如何使用高级搜索等方法，你掌握了吗？在你自己使用搜索引擎的过程中要经常使用哦。

九、我的收获

学会的知识	取得的成果
1. 搜索指定类型的文件	"试一试"＿＿＿＿道题
2. 在指定的站点中搜索文件	"想一想"＿＿＿＿道题
3. 把搜索范围限定在网页标题中	"课后练习"＿＿＿＿道题
4. 高级搜索	"竞赛链接"＿＿＿＿道题
5. 搜索多组关键词的文件	—

第5章　全文再现

百事通，我新买了个MP5，想下载一些电子书看看，怎么从网上找啊？

你可以指定搜索 TXT 文档，一般的电子书都是这类文档格式。

可以专门搜索一种文档吗？什么样的文档都可以吗？

搜索引擎提供了针对文档搜索的语法，有的搜索引擎还提供了相关的服务。

一、学习要点

- 学会使用语法搜索 Word 等格式的文档。
- 了解利用百度文库搜索文档的方法。

二、任务分析

（一）使用语法搜索文档

很多有价值的资料在互联网上并非是普通的网页，而是以 Word、PowerPoint、PDF 等格式的文档存在。百度支持对 Office 文档（包括 Word、Excel、PowerPoint 等）、PDF 文档、RTF 文档和 TXT 文档进行全文搜索。搜索这类文档的方法很简单，百度以 "filetype:" 语法来限制搜索对象，冒号后是文档类型。如果只想查找某种特定文档类型的资料，那么只需要在搜索关键词后面加上 "filetype: 文档类型" 即可。文档类型包括 DOC、XLS、PPT、PDF、TXT、RTF、ALL。其中，ALL 表示搜索所有文档类型。

当需要对某个学术问题进行深入研究时，就需要查找相关的专业论文。除了构建合适的关键词之外，还需要了解专业文档在互联网上存在的方式，它们往往不是网页，而是 Office 文档或者 PDF 文档。PDF 是 Adobe 公司开发的一种图文混排的电子文档格式，支持在不同平台上浏览文档内容，是电子出版的标准格式之一。图 5-1 和图 5-2 所示分别为搜索 DOC 文档和 PDF 文档。

图 5-1　搜索 DOC 类型文档

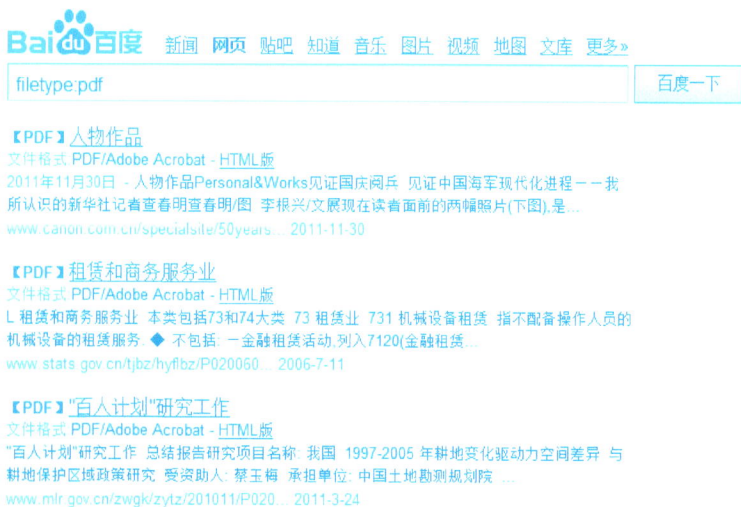

图 5-2　搜索 PDF 类型文档

例如，查找《花开的声音》电子书，可以在搜索引擎中输入"filetype:txt 花开的声音"，如图 5-3 所示。因为后缀是 txt，所以搜索结果都是 TXT 文档。

如果需要查找全部类型的文档，那么可以使用语法"关键词 filetype:all"。例如，查找某软件的教程可输入"软件名 filetype:all"，如图 5-4 所示。

图 5-3 搜索《花开的声音》的 TXT 文档

图 5-4 搜索全部类型文档

也可以通过百度文档搜索页面（http://file.baidu.com），直接使用专业文档搜索功能。例如，利用百度文档搜索《花开的声音》电子书，可以将关键词定义为"花开的声音"，并选中要搜索的文档类型单选框，如图 5-5 所示。搜索结果如图 5-6 所示。

图 5-5　在百度文档搜索指定类型的文档

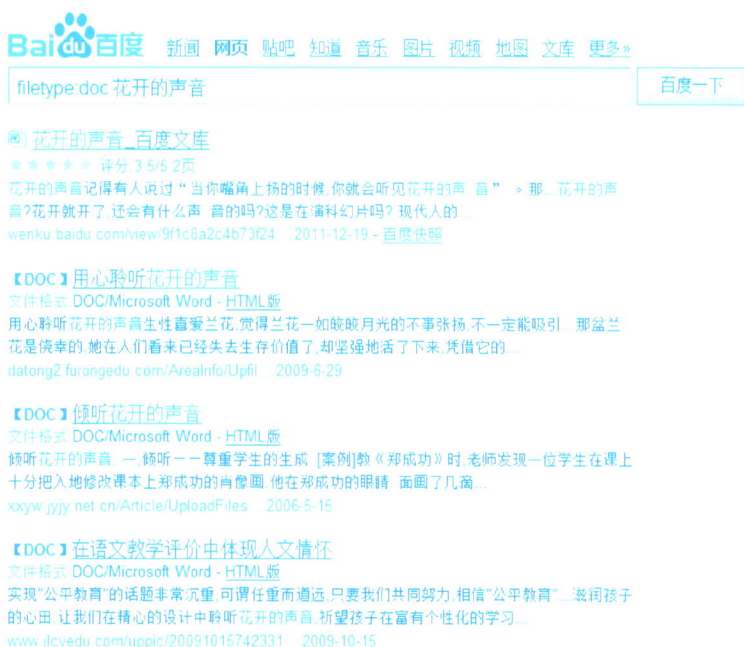

图 5-6　搜索结果显示

（二）使用百度文库

百度近年来又推出了"百度文库"服务项目，为人们提供了更加方便、快捷的文档搜索服务，使那些对搜索语法不熟悉的用户同样可以快速找到所需的文档信息。百度文库的使用方法如下。

1）注册

在使用百度文库之前，最好注册一个用户，否则遇到心仪的作品就无法收藏或下载了。如图 5-7 所示，注册时需要先填写注册信息，包括邮箱、用户名、密码、确认密码（与密码相同）和验证码，然后单击"注册"按钮完成操作。

2）登录

登录页面如图 5-8 所示，需要输入账号和密码。

图 5-7　百度文库注册页面

图 5-8　百度文库登录界面

3）搜索

在百度文库的首页输入关键词。如果要搜索特定类型的文档，那么可以选中搜索框下方所需文档类型的单选框。例如，搜索滑雪运动起源于什么半岛，搜索条件页面如图 5-9 所示。单击"搜索文档"按钮，搜索结果如图 5-10 所示。

图 5-9　利用百度文库进行搜索

 ▷ 南山休闲滑雪教程　2012-12-09

滑雪者应掌握的技术分平地滑雪技术和滑降技术两部分。前者指包括交替滑行、同时推行滑行(简称同时滑行)、避冰式滑行、综合滑行及改变方向等在内的实用滑雪。

时长：0.5小时 | 共5小节 | 学习人数：9362 | 来自：南山滑雪

- 第1节：滑雪介绍
- 第3节：滑雪基本技术
- 第2节：滑雪的基本知识
- 查看课程全部内容 >>

 高山滑雪运动的概述　2012-02-17

高山滑雪运动的概述 - 高山滑雪运动的概述(理论讲稿 理论讲稿)理论讲稿 哈体院运动系滑雪教研室 第一章 滑雪运动概述 ▲一 滑雪运动的起源及发展 ▲二 滑雪

★★★★★ 4.5 (13人评) | 共40页 | 下载：84次 | 贡献者：lbxlzp

 滑雪运动　2011-11-29

滑雪运动远离喧嚣的都市投身于林海雪原。惊险刺激之余,领悟山野的纯争与壮观... 滑雪运动滑雪运动起源 滑雪运动起源于欧亚大陆北部极度寒冷的地区。最初,由于寒冷...

暂无评价 | 共4页 | 下载：1次 | 贡献者：wochen729

 滑雪运动　2012-05-08

滑雪运动 - 滑雪——体验冰天雪地的浪漫 滑雪运动 滑雪运动历史悠久,最古老的滑雪运动传 说是在古挪威等北欧 国的故事中,有关 被誉为"冬神"的猩鲁和...

★★★★★ 4.4 (10人评) | 共6页 | 下载：34次 | 贡献者：bin5825

图 5-10　百度文库的搜索结果

4）收藏

如图 5-11 所示，单击"收藏"按钮，可以收藏当前阅读的文档，方便下次查看。

图 5-11　收藏百度文库中的文档

三、试一试

1. 自己注册一个百度文库的账户。
2. 利用百度文库搜索与苹果计算机有关的 DOC 文档。
3. 搜索霍金关于黑洞内容的 PDF 文档。

四、想一想

结合之前所学过的内容，想一想在搜索电子书时有几种方法。

五、阅览室

百度文库提供了文档上传和下载功能。

上传文档的操作很简单，只要拥有一个百度账号，同时在计算机上存有附件，就可轻松完成上传操作。共享文档，可以获得以下好处：

（1）在帮助其他用户便捷地找到所需文档的同时，获得赞誉和好评。

（2）你的文档在被下载使用后，你将获得虚拟的财富值奖励。这些财富值，可以用来下载其他用户分享的文档，也可以在"百度知道"和"百度百科"中使用。

（3）获得"百度知道"的经验值奖励，是其用户价值认证体系的一个组成部分。

下载文档的操作也很简单。每份文档页面的下方都有一个"下载"按钮，单击后可以进行文档下载。

百度文库具有良好的在线阅读体验。文档分享支持在线阅读附件中的内容，并提供了缩放和全屏等功能。

六、课后练习

1. 搜索一本你最喜欢的电子书。

2. 搜索 Photoshop 电子教程（PDF 格式）。

3. 搜索"如何制作绿巨人"的视频教程。

七、竞赛链接

1. "嫦娥应悔偷灵药，碧海情天夜夜心"这首诗的作者是 _____。（第 20 届）

2. 嫦娥一号在探月途中需要完成 _____ 次变轨。（第 20 届）

3. 月球上因为陨石的撞击形成了一种独特的地貌，最早命名这种独特地貌的科学家是 _____。（第 20 届）

4. 孙中山先生在题为 _____ 的演讲中，首次提出在三峡建立大坝。（第 20 届）

5. 最早提出"三民主义"的报纸，它的前身是由 _____ 创立的。（第 20 届）

八、总结回顾

小不懂，想一想我们在这节课上有哪些收获？通过这节课我们知道了使用语法 filetype 来搜索各种类型的文档，还可以使用百度文库对文档进行搜索。

九、我的收获

学会的知识	取得的成果
1. 掌握 filetype:doc\pdf\xls……的用法	"试一试" _____ 道题
2. 掌握 filetype:all 的用法	"想一想" _____ 道题
3. 注册百度文库	"课后练习" _____ 道题
4. 使用百度文库进行文档搜索	"竞赛链接" _____ 道题

第6章　按图索骥

百事通,我想找一张落叶的照片来做我的生物作业;那张历史课上的图片到底是哪个朝代的, 我想查出来; 韩庚的这张图片真帅,可惜太小了,有没有大一点的相同的图片? 学校附近有哪些餐馆……

小不懂,你有这么多关于图片搜索的问题呀,我们来看看怎么解决吧!

一、学习要点

- 能够正确使用百度识图。
- 能够正确进行搜索图片的操作。
- 能够利用图片上的特定信息进行搜索。
- 了解其他常用图片搜索引擎。
- 能够搜索地图信息和交通信息。

二、任务分析

在利用搜索引擎寻找互联网的信息时,可以通过一张图片搜索到与之相关的信息。

百度图片搜索引擎是世界上最大的中文图片搜索引擎,它从数十亿的中文网页中提取各类图片, 建立了中文图片库。到目前为止,百度图片搜索引擎可检索的图片已经近亿张。百度新闻图片搜索从中文新闻网页中实时提取新闻图片,它具有新闻性、实时性、更新快等特点。

（一）百度识图

1. 基本介绍

百度识图是百度图片搜索推出的一项新功能。常规的图片搜索,是通过输入关键词的形式在互联网上搜索相关的图片资源，而百度识图则能通过上传图片或输入图片的 URL①地址，在互联网上搜索到与这张图片相似的图片资源，同时也能找到这张图片的相关信息。

百度识图的主要用途包括以下几点：

（1）了解一个不熟悉的明星或其他人物的相关信息，如姓名、新闻等；

（2）了解某张图片背后的相关信息，如拍摄时间、地点、背景故事等；

（3）已有一张图片，要找到一张其他尺寸的，或是没有水印的，或是 Photoshop 处理之前的原图；

（4）了解图片还被哪些网站引用。

2. 应用实例

【例 6-1】图 6-1 所示为一个网页中的图片，图中的文物是什么？

1）方法一：上传本地图片

（1）如图 6-2 所示，在网页中右击图片，在快捷菜单中选择"图片另存为"选项，将图片保存到本地磁盘。

（2）如图 6-3 所示，进入百度图片首页（http://image.baidu.com），单击识图按钮，弹出图 6-4 所示的百度识图对话框。

图 6-1 例 6-1 配图

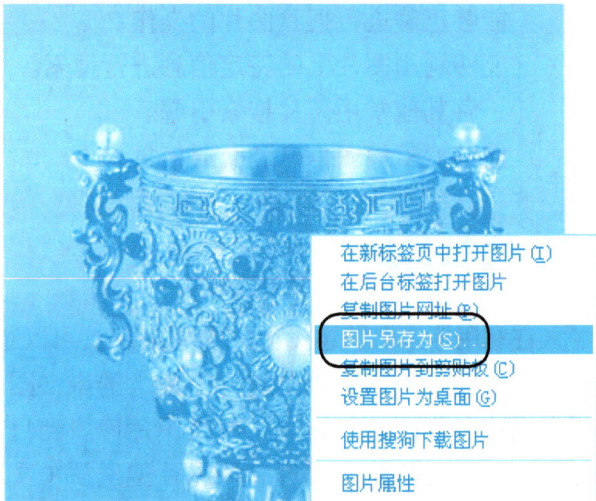

图 6-2 保存图片

（3）在图 6-4 中，单击"从本地上传"超链接，在计算机中选中刚刚保存的待搜索图片。选择完成后，系统会自动开始搜索，搜索结果如图 6-5 所示。可见，答案为乾隆金瓯永固杯。

---

① URL：统一资源定位符，是英语 Uniform Resource Locator 的缩写，它是互联网上标准的资源地址。

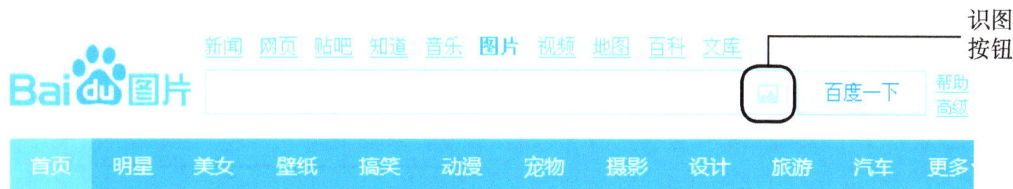

图 6-3　单击"识图按钮"图标

图 6-4　上传本地磁盘中的图片

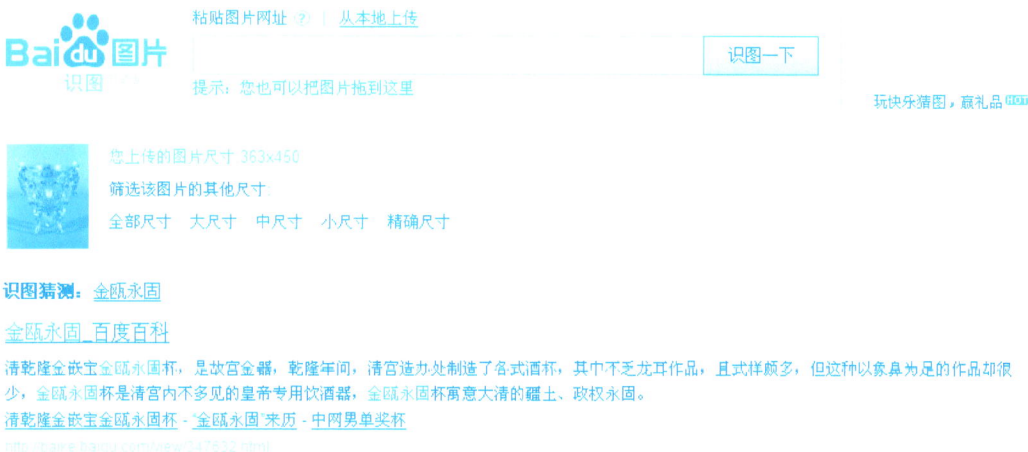

图 6-5　百度识图自动搜索的结果页面

2）方法二：输入图片 URL 地址。

（1）如图 6-3 所示，进入百度图片首页，单击识图按钮。

（2）获取网上图片的地址。如图 6-6 所示，右键单击图片，在弹出的快捷菜单中选择"图片属性"选项或者"属性"选项。如图 6-7 所示，在弹出的"属性"对话框中，框线标识的部分就是图片的 URL 地址，复制该部分的文本。

图 6-6 选择图片的属性　　　　　　　图 6-7 复制图片的 URL 地址

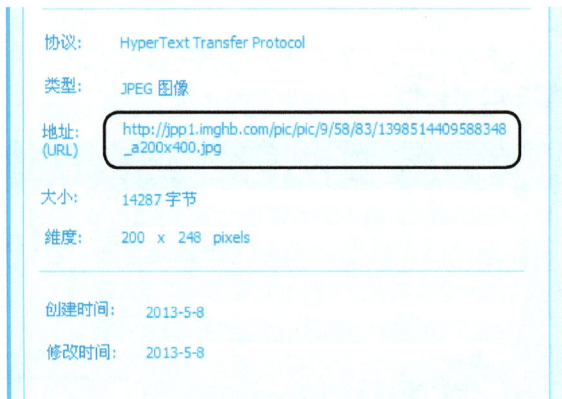

（3）如图 6-8 所示，在"粘贴图片网址"选项下方的文本框中粘贴图片的网址，单击"识图一下"按钮进行搜索。

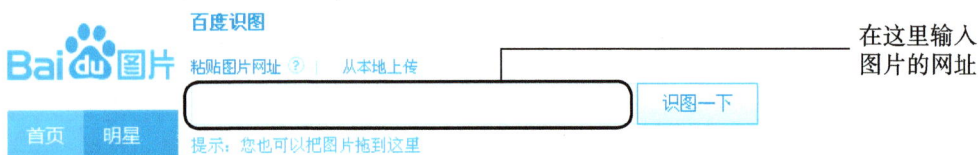

图 6-8 输入图片网址

3）方法三：把图片拖到搜索框

（1）如图 6-3 所示，进入百度图片首页，单击识图按钮。

（2）单击鼠标左键，选中图片（可以是本地图片或网页上的图片）；按住左键不放，拖动图片到百度识图页面提示的地方，如图 6-9 所示；松开左键，自动进行识图搜索。

图 6-9 鼠标拖动识图

在使用百度识图时，所上传的图片需要满足格式和物理文件大小的要求：

（1）支持的图片格式包括 jpg、gif、jpeg、png、bmp；

（2）图片的大小限制在 5MB 以内。

除了百度识图，TinEye 图片搜索（http://www.tineye.com）、谷歌图片搜

索等都可以实现以图搜图。这些工具的界面和操作各有优劣，大家可以自己体验一下。

（二）百度图片搜索

在浏览器的地址栏中输入 http://image.baidu.com，进入百度图片搜索的首页，如图 6-10 所示。

图 6-10　百度图片搜索页面

1. 基本使用方法

在图片搜索框中输入搜索关键词，再单击"百度一下"按钮，即可进行图片内容的搜索，搜索出相关的全部图片，并且还有多种"相关搜索"分类来帮助进一步准确搜索。

（1）输入关键字，如"雷锋"，单击"百度一下"按钮，搜索结果如图 6-11 所示。然后，通过相关搜索的关键词可以进一步匹配要搜索的图片内容。

图 6-11　图片搜索结果

（2）在搜索结果页面中，单击图片，可放大观看该图片。

（3）如果想看到更多的图片，可以单击页面底部的"加载更多图片"按钮来查看更多搜索结果，如图 6-12 所示。在底部还有此次搜索的统计结果，在页面右下方有快速返回顶部的按钮。

加载更多图片   找到相关图片约21,200,000张

单击浏览更多图片   搜索统计结果   返回顶部

图 6-12 搜索结果页面底部

2. 实用功能

1）筛选栏

筛选栏在搜索结果页面的右上方，如图 6-13 所示。使用该工具栏可以同时对搜索结果的尺寸、颜色、类型进行筛选。

2）高级搜索语法

（1）把搜索范围限定在特定网页中。

如果知道某些网页中有自己需要找的图片，那么可以把搜索范围限定在这些网页中，以提高查询效率。查询方法是在查询内容的后面加上"ft: 网页地址"。

例如，要搜索出现在百度贴吧中的关于雷锋的图片，查询关键词可以表示为"雷锋 ft:tieba.baidu.com"。这样，搜索到的图片的来源地址均包含 tieba.baidu.com。

图 6-13 筛选栏

（2）把搜索范围限定在特定站点中。

如果知道某个站点中有自己需要找的图片，那么可以把搜索范围限定在这个站点中，以提高查询效率。查询方法是在查询内容的后面加上"site: 站点域名"。

例如，搜索存储在百度空间相册里的关于雷锋的图片，查询关键词可以表示为"雷锋 site:hiphotos.baidu.com"。这样，搜索到的图片的 URL 地址均包含hiphotos.baidu.com。

需要注意的是，"网页地址"或"站点域名"中不要带"http://"前缀，"ft:"与"网页地址"、"site:"与"站点域名"之间不要带空格。

（三）图片描述搜索

图片搜索技术目前还不成熟，所以有时还是要靠文字搜索，也就是通过描述图片上想要找的内容（如相关的主题、人物、场景、物品等元素）来搜索与之相关的信息。

（四）图片搜索购物

在图片搜索购物网站上，可以利用图片搜索进行购物。只需上传一张图片，搜索结果中会有网络商城中全部相似的物品。这类网站有淘淘搜、安图搜、图购、爱推客等。

三、试一试

1. 图 6-14 所示是哪个公园？
2. 拍摄图 6-15 所示照片的人曾经获得诺贝尔奖，他是 _____ 国人。

图 6-14　试一试题目 1 配图

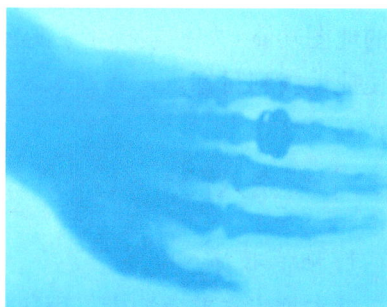

图 6-15　试一试题目 2 配图

3. 图 6-16 所示的国际组织曾经多次获得诺贝尔和平奖，距离现在最近的一次是 _____ 年。（填写阿拉伯数字）

四、想一想

1. 以图搜图的好处有哪些？
2. 在网上发现名人图，可以利用以图搜图马上找到其资料吗？
3. 手上只有小图片或带有水印，如何找到更大、更清晰的图？

图 6-16　试一试题目 3 配图

4. 手上只有图片的局部，如何找到该图的完整版？

5. 如果你对某图片感兴趣，怎样知道它的来源和更多信息？

6. 你是站长、摄影师、设计师，怎样知道哪些网站使用（转载）了你的图片？

7. 找找看有没其他网站使用了你自己的照片。

五、阅览室

百度地图

（一）基本介绍

百度地图（http://map.baidu.com）是百度提供的一项网络地图搜索服务，覆盖了国内近 400 个城市、数千个区县。在百度地图里，可以查询街道、商场、楼盘的地理位置，也可以找到最近的所有餐馆、学校、银行、公园等。它提供了丰富的公交换乘、驾车导航的查询功能，能够提供最适合的路线规划。通过百度地图，不仅可以知道要找的地点在哪里，还可以知道如何前往，并且能获得丰富的周边生活信息，包括自动定位团购、优惠信息、外卖信息等。同时，百度地图具有完备的地图功能（如搜索提示、视野内检索、全屏、测距等），便于更好地使用地图，更便捷地找到目标。

（二）搜索入门

1. 地点搜索

地点搜索有普通搜索、周边搜索和视野内搜索三种方式。

1）普通搜索

在"搜索"选项卡的搜索框中输入要查询地点的名称或地址，单击"百度一下"按钮，即可得到想要的结果。

例如，搜索"鸟巢"的结果如图 6-17 所示。右侧为地图，显示搜索结果所处的地理位置；左侧为搜索结果，包含名称、地址、电话等信息；地图上的标记点为相应结果对应的地点，单击左侧结果或地图上的标记点均能弹出气泡对话框。在对话框内能够做进一步操作，比如查找宾馆、餐馆、银行、医院、公交站等。

2）周边搜索

在弹出的气泡对话框中，选择"在附近找"选项卡，单击或输入要查找的内容即可看到结果。还可以在地图上单击鼠标右键，选择"在此点附近找"选项进行快速搜索。

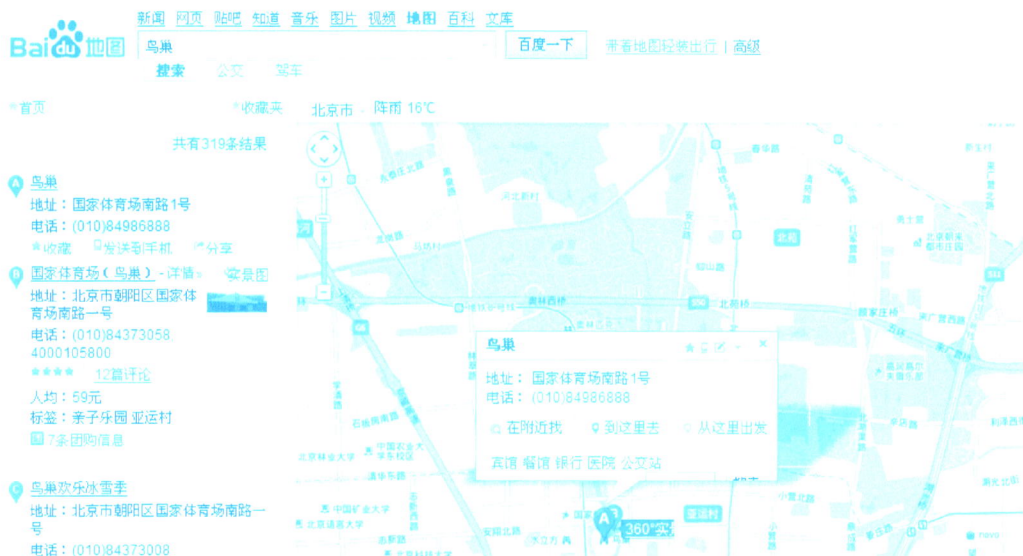

图 6-17　地点搜索结果

　　例如，在图 6-18 中方框线标识的文本框中输入"银行"，单击"搜索"按钮，搜索结果如图 6-19 所示。地图右侧显示搜索结果和距离，可以在结果页面中更换距离或更改要查询的内容。

图 6-18　输入关键词搜索周边

3）视野内搜索

　　如果要查找附近有哪些超市、餐厅等，那么可以使用视野内搜索。如图 6-20 所示，单击页面右上角的"视野内搜索"按钮，选择或输入要查找的内容。在当前的页面范围内，结果将直接展现在地图上。单击地图上的标记点将打开气泡对话框，可以显示更丰富的信息。并且，随着缩放和移动地图，搜索结果会即时地更新。

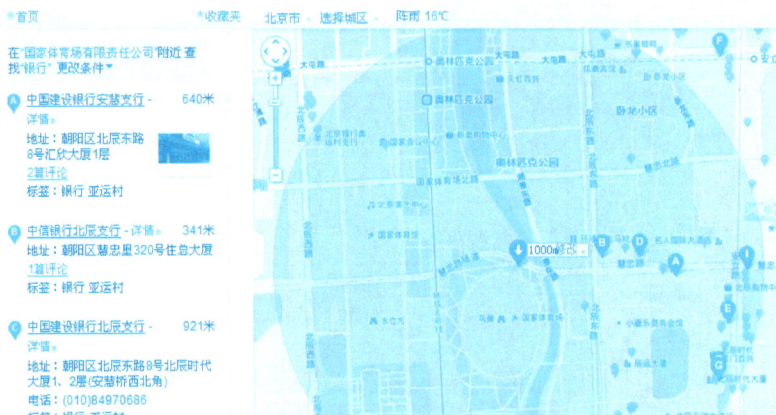

图 6-19　周边搜索结果

图 6-20　视野内搜索

2. 公交搜索

公交搜索有公交方案查询、公交线路查询和地铁专题图三种方式。

1）公交方案查询

公交方案查询的方法有多种：在"搜索"选项卡的搜索框中直接输入"从哪到哪"，或者选择"公交"选项卡并在文本框中输入起点和终点，还可通过气泡对话框或单击鼠标右键发起查询。

例如，查询从北京西站到鸟巢的公交路线，搜索结果如图 6-21 所示。左侧文字区域会显示精确计算出的公交方案，包括公交和地铁。最多显示 10 条方案，单击方案可以展开查看详细描述。查询结果中有"较快捷"、"少换乘"、"少步行"和"不坐地铁"四种策略供选择。右侧地图中标明了方案具体的路线。

2）公交线路查询

查询公交线路的方法主要有两种：在"搜索"选项卡的搜索框中直接输入公

交线路的名称，或者单击图 6-21 右上方的"公交线路查询"超链接，在页面左侧的公交线路查询页输入公交线路的名称。在搜索结果中，左侧文字区域显示该条公交线路所有途经的车站，以及运营时间、票价等信息，右侧地图完整地描绘出该条线路。

3）地铁专题图

在百度地图的地铁专题图，可以直接浏览北京、上海和广州的地铁规划，通过鼠标快速地查询地铁换乘方案，并且还能获知精确的票价、换乘时间和距离等信息，如图 6-22 所示。

图 6-21　公交方案查询

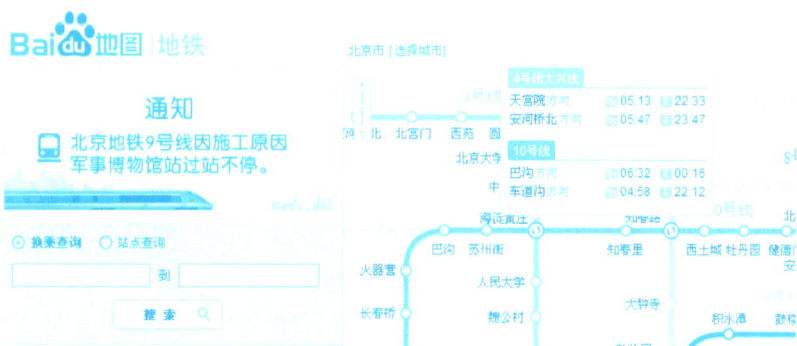

图 6-22　地铁专题图

3. 驾车搜索

百度地图提供驾车方案查询，包含跨城市驾车，并还能添加途经点。

查询驾车方案的方法有多种：在"搜索"选项卡的搜索框中直接输入"从哪

到哪"，或者选择"驾车"选项卡并在文本框中输入起点和终点，还可通过气泡对话框或单击鼠标右键发起查询。

搜索结果如图 6-23 所示，左侧文字区域显示精确计算出的驾车方案，有"最少时间"、"最短路程"和"不走高速"三种策略供选择。右侧地图标明该方案具体的行车路线。

在跨城市驾车中，搜索结果描述进行了优化，将城市内的方案合并为一条，也可将其展开，查看详细的市内驾车方案。

通过添加途经点，可以方便快速地调整驾车路线。将鼠标移至地图上的驾车线路，会出现一个可供拖动的途经点，将其拖动至想要经过的道路并松开，更新的驾车方案就会经过该点标记的道路。

图 6-23　驾车方案查询

六、课后练习

1. 图 6-24 所示的人物是谁？

2. 搜索一张刘亦菲和兔子有关的生活照。

3. 图 6-25 所示的是什么木管乐器，你还能举出 5 种吗？

4. 望京南湖中园小学到左家庄的公交线路有哪些？（请提供 4 种方案）

5. 图 6-26 所示是世界上第一个采用太阳能离子发动机的卫星，送这颗卫星进入太空的是 _____ 火箭。

6. 要在武汉乘坐公交去参观《走向共和——辛亥革命史陈列》展览，下车车站为 _____ 。

7. 如图 6-27 所示，石碑面对武昌红楼，碑正面的三个字为 _____ 。

图 6-24　课后练习题目 1 配图

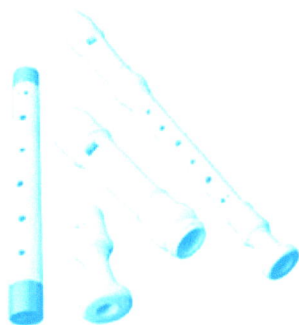

图 6-25　课后练习题目 3 配图

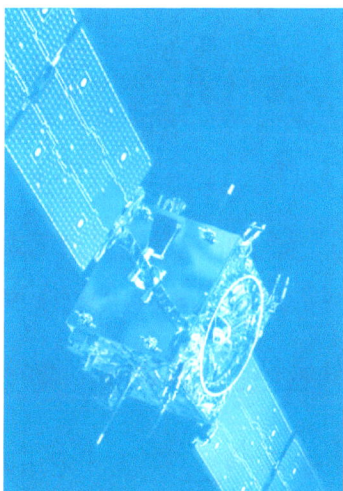

图 6-26　课后练习题目 5 配图

图 6-27　课后练习题目 7 配图

8. 图 6-28 所示为新军的军衔, 辛亥革命前黎元洪的肩章应该是 _____。(填写图片上的名称)

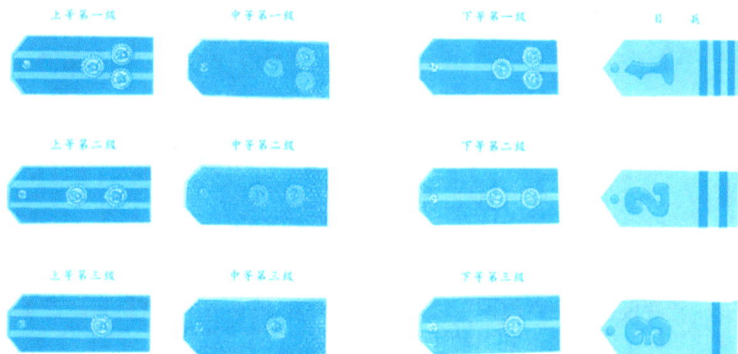

图 6-28　课后练习题目 8 配图

七、竞赛链接

1. 与琵琶、扬琴等乐器自国外传入不同，图6-29中这个古老的乐器诞生在中国。它是 _____。（填写两字中文）（第21届）

2. 图6-30中这位胡子上翘的著名画家是 _____。（填写两字中文）（第21届）

图 6-29 竞赛链接题目 1 配图

图 6-30 竞赛链接题目 2 配图

3. 图6-31是梵高的一幅名作，现藏于纽约 _____ 博物馆。（填写四字中文）（第21届）

4. 世界上有多座迪士尼乐园，图6-32中的是 _____ 迪士尼乐园。（填写中文城市名称）（第22届）

图 6-31 竞赛链接题目 3 配图

图 6-32 竞赛链接题目 4 配图

5. 北京市少年儿童图书馆位于 _____ 桥附近。（填写两字中文）（第22届）

6. 很多人会选择春游来放松身心，例如可以选择北京植物园。乘坐公交车去

植物园可以选择到植物园站下车，或者是到 ＿＿＿＿＿＿＿ 站下车。（第 22 届）

八、总结回顾

　　小不懂，经过前面的学习，你自己能找一张落叶的照片做生物作业，能查出历史课上的图片是哪个朝代的，能知道学校附近有哪些餐馆了吗？其实，用于查询图片的网站有很多，不只局限于百度，还有谷歌、必应等，它们都能实现上面的功能。

九、我的收获

学会的知识	取得的成果
1. 百度识图	"试一试" ＿＿＿＿＿＿ 道题
2. 以图搜图的好处	"想一想" ＿＿＿＿＿＿ 道题
3. 搜索图片	"课后练习" ＿＿＿＿＿＿ 道题
4. 根据图片上的特定信息进行搜索	"竞赛链接" ＿＿＿＿＿＿ 道题
5. 搜索地图信息	"竞赛链接" ＿＿＿＿＿＿ 道题

第7章　有声有色

百事通,你观看2012年伦敦奥运会的开幕式了吗?
你知道伦敦奥运会上中国队的旗手是谁吗?

当时我有事没看成，但我可以帮你在网上
找一找。

一、学习要点

- 能准确描述要搜索内容的关键词。
- 能使用百度搜索和下载歌曲与视频。
- 能使用语音功能搜索和下载歌曲与视频。
- 了解音频格式和视频格式的简单转换方法。
- 掌握软件下载的一般方法。

二、任务分析

音频、视频是集图像、声音、文字等为一体的综合性媒体。随着互联网技术的发展和网络带宽的提升，网络音频、视频数据量呈爆炸式增长。如何对互联网上大量的音频、视频数据进行搜索已成为国内外研究的热点，是未来新一代搜索引擎的主要研究内容。

音频、视频资料的下载方法有很多，常用的迅雷、电驴、维棠、QQ旋风等软件都可以完成下载任务，百度工具栏也可以帮我们完成简单的音频、视频文件的下载。

（一）歌曲搜索

我们以搜索2012年伦敦奥运会的主题曲为例，一起来学习歌曲的搜索与下载方法。

1. 确定关键词

关键词的确定对于是否能完成搜索任务的影响很大，准确和具体的关键词能够帮助我们很快找到要搜索的内容，关键词决定着搜索成功的概率。确定关键词的方法有很多，可以根据要搜索的内容直接确定关键词为"2012 伦敦奥运会主题曲"，也可以根据主题曲的名字确定关键词为"survival"，还可以根据主题曲其中的一句歌词来确定关键词。这里，我们是根据内容确定关键词为"2012 伦敦奥运会主题曲"。

2. 确定搜索引擎

以百度搜索引擎为例，首先在地址栏中输入网址 www.baidu.com，然后在百度首页的标签栏中单击"音乐"超链接，并在搜索框内输入要查找歌曲的关键词"2012 伦敦奥运会主题曲"或"survival"，如图 7-1 所示。

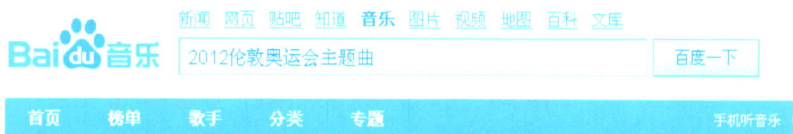

图 7-1　输入歌曲搜索关键词

单击"百度一下"按钮可以搜索到相关内容，如图 7-2 所示。单击 ▶ 播放按钮，可以在百度音乐盒中试听效果；如果试听后是自己要找的结果，那么可以单击 ⬇ 下载按钮，将其下载到本地磁盘中。

图 7-2　播放和下载歌曲

在音乐下载的过程中，存在标准品质、高品质、超高品质三种不同选择，如图 7-3 所示。超高品质是提供给 VIP 会员下载的一种音乐，其文件的音乐品质更高。对于我们普通的下载者，一般使用标准品质和高品质两种选项。

图 7-3　选择高品质音乐下载

单击"下载"按钮，将音乐文件保存到本地磁盘，如图 7-4 所示。对于磁盘路径的设置，这里不再赘述。

图 7-4　下载歌曲到本地磁盘

（二）视频搜索

除了音频的搜索，视频搜索在我们生活中也很常见。下面以搜索 2012 伦敦奥运会的开幕式视频为例，来学习视频的搜索与下载方法。

1. 确定关键词和搜索引擎

在地址栏中输入网址 www.baidu.com，然后在百度首页的标签栏中单击"视频"超链接，在搜索框内输入要查找视频的关键词"2012伦敦奥运会开幕式"，如图7-5所示。

图 7-5 输入视频搜索关键词

单击"百度一下"搜索按钮，可以找到很多关于2012年伦敦奥运会开幕式的视频，如图7-6所示。

图 7-6 视频搜索的结果

在每个视频的下方，有简短的文字描述该段视频的内容。这样方便确定该段视频是不是自己要搜索的内容，从而减少搜索时间，提高搜索效率。

2. 追加关键词

如果还想进一步观看央视主播"白岩松"解说的奥运会开幕式，那么可以在搜索框中进一步追加关键词"白岩松"。单击"百度一下"搜索按钮，可以找到很多由白岩松解说的关于2012伦敦奥运会开幕式的视频，如图7-7所示。

3. 视频下载

找到相关视频后，可以单击某个节目的超链接进行在线观看，也可以使用百度工具栏将视频保存到本地磁盘中进行观看。下载方法如图 7-8 所示。

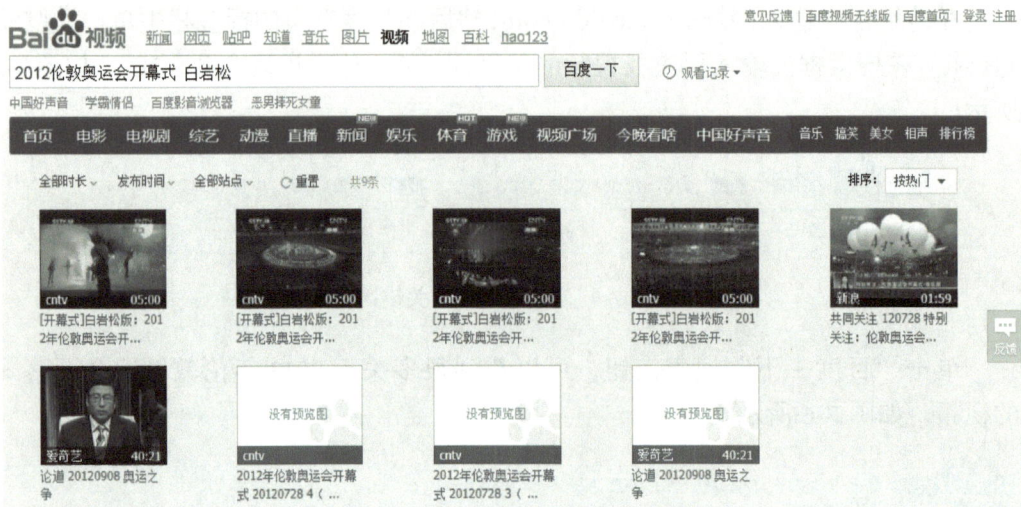

图 7-7　由白岩松解说的相关视频

图 7-8　观看和下载视频

（三）语音搜索

　　上面的示例是按照关键词来搜索的，关键词可以是歌手的名字、歌曲的名字、一段歌词等。如果不是通过输入关键词，而是通过说出或唱出一小段歌曲，能不能搜索到与歌曲相关的内容呢？答案是肯定的，这就是语音搜索功能。

随着 3G 时代的到来，手机上网的用户激增，从而孕育出一个巨大的搜索市场——手机语音搜索，语音搜索功能在手机上应用得更加广泛。语音搜索是搜索技术发展到更高阶段的体现，即嵌入式语音识别技术。该项技术能够解放用户的双手，方便快捷地控制多媒体终端和获取信息服务，已经越来越得到消费者的认可。为适应语音技术应用的趋势，谷歌的 Voice Search、苹果的 iPhone Siri、科大讯飞的语点等都是嵌入语音识别系统。

目前，面向机器的搜索引擎中有些还不支持语音搜索，但谷歌的英文版、360 搜索引擎都可以实现语音搜索的功能。下面以 360 浏览器为例，来介绍语音搜索的功能。

首先，下载并安装 360 极速浏览器（软件下载方法详见本章后文）。然后，双击 360 极速浏览器图标，打开默认网址 http://hao.360.cn；单击"360 搜索"按钮或者直接输入网址 http://www.so.com，打开 360 搜索的首页，如图 7-9 所示。

图 7-9　360 首页上的语音搜索功能

搜索框的右侧有麦克风图标，打开麦克风，开始说话，如说出"雅安地震"。我们会发现系统自动将声音识别成为文字"雅安地震"，再对该文字进行搜索，如图 7-10 所示。这样，使用非常方便，尤其是对于打字有困难的老年使用者和行动不方便的用户。

(a)

图 7-10　使用 360 语音搜索

(b)

图 7-10 使用 360 语音搜索（续）

（四）软件下载

软件下载在日常生活中经常遇到，它可以帮助我们解决学习、生活中的许多问题，促进资源共享，提高学习、工作效率。下面以"Flash 8.0"的下载为例来学习如何下载软件。

1. 确定下载网站

为了防止在软件下载的过程中感染病毒，一般从以下比较安全规范的站点下载软件：

（1）天空下载，http://www.skycn.com；

（2）华军软件园，http://www.onlinedown.net；

（3）多特软件站，http://www.duote.com。

2. 确定关键词

关键词越详细，结果就越可能接近要搜索的目标。例如，搜索"三国演义"和"罗贯中的三国演义"，结果就不一样。"三国演义"可能是电视剧、书、游戏等，而"罗贯中的三国演义"只可能是古典名著。

因此，我们首先必须明确要搜索 Flash 的学习视频、Flash 安装程序，还是 Flash 制作实例。我们要下载的是 Flash 安装程序，所以以"Macromedia flash 8.0"作为搜索关键词。在天空下载的搜索框中输入搜索内容的关键词，如图 7-11 所示。

图 7-11　搜索 Macromedia Flash 8.0 软件

单击"搜索"按钮，弹出图 7-12 所示的新页面，上面有相关软件的信息。

图 7-12　软件搜索结果

单击"下载地址"按钮，弹出下载页面，如图 7-13 所示。

图 7-13　软件下载页面

　　单击其中的某个下载地址，系统自动弹出保存对话框，如图 7-14 所示。设置本地磁盘的保存路径，单击"浏览"按钮可以更改保存路径（最好不要安装在 C 盘，防止 C 盘被占用过多而影响系统的正常运行），单击"下载"按钮开始下载软件。

图 7-14 下载软件到本地磁盘

三、试一试

（一）搜索与下载以下歌曲

1. 周杰伦《范特西》专辑中有哪些歌曲？
2. 《小手拉大手》的演唱者是谁？
3. "那是一条神奇的天路……"的演唱者和歌曲名字？
4. "你取代前一秒我生命的空白，问题忽然找到答案，不用解释也明白，_____，我能解读那多美好"是王力宏的《_____》歌曲的歌词？

（二）搜索以下问题

1. 搜索视频，电影《辛亥革命》在阜新的开机仪式上，晚到的演员是谁？
2. 电影《特洛伊木马》的导演是谁？
3. 电影《少年派的奇幻漂流》中与派相依为命的老虎的名字是什么？
4. 2012 春节联欢晚会上，《龙的传人》的钢琴伴奏者是谁？

（三）使用语音搜索功能搜索并下载以下内容

1. 《Price Tag》的演唱者是谁？
2. "你在我眼中是最美，每一个微笑都让我沉醉"是 _____ 的《最美》中的歌词？

3. 凤凰传奇组合的两个歌手的名字是 _____ 和 _____。

4.《Lightning Bolt》的演唱者是 _____ ？

（四）下载软件

1. 迅雷 5

2. Winrar

3. Flash player

4. 搜狗拼音输入法

四、想一想

1. 本章示例中，根据内容确定的关键词为 "2012 伦敦奥运会主题曲"，如果以歌曲的名字 "survival" 作为关键词，或者以演唱者的名字作为关键词能不能搜索到想要的歌曲呢？

2. 有些在线视频不支持下载，你也找不到任何关于下载的提示，如何把这样的视频下载到本地磁盘呢？

五、阅览室

在线视频的下载方法有很多，当网站不提供在线下载时，可以尝试以下方法。

（一）FLVCD 下载

FLVCD 是一家为视频、音乐专辑批量解析下载地址的网站，主要功能是获取各大视频网站视频的原始地址。由于多数网站不提供在线视频的下载链接，所以 FLVCD 应运而生，它是目前比较专业的在线视频地址解析网站。具体的使用方法如下。

1. 在本地计算机上安装硕鼠客户端。

2. 找到需要下载的视频所在的网址，并复制下来。例如，要下载电视剧《陆贞传奇》第 1 集，找到其所在的爱奇艺网站地址为 http://www.iqiyi.com/dianshiju/20130506/ 0f19acf79956a91f.html。

3. 访问 FLVCD 网站 http://www.flvcd.com，首页如图 7-15 所示。

（1）将视频地址复制到搜索框中，如图 7-16 所示。

（2）单击 "开始 GO!" 按钮，得到搜索结果，如图 7-17 所示。

（3）使用"硕鼠专用链下载"，弹出图 7-18 所示的对话框，选择"用独立窗口的硕鼠 Touch 下载"，设置好文件保存位置即可下载。

图 7-15　FLVCD 的首页

图 7-16　复制视频地址到搜索框中

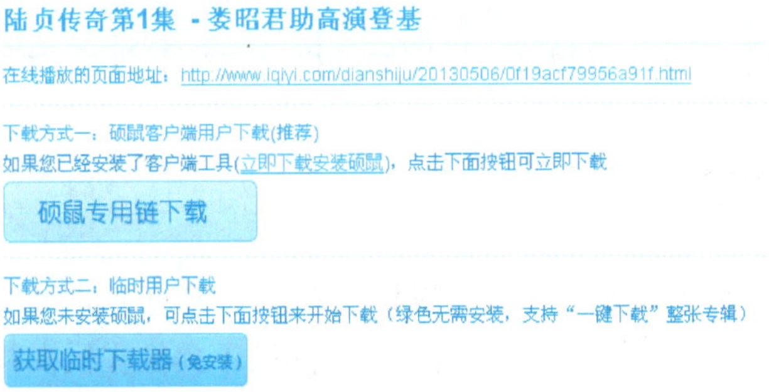

图 7-17　视频搜索结果

图 7-18　选择硕鼠下载窗口

（二）视频格式转换

用硕鼠软件下载的视频文件都是 flv 格式的，可以使用"格式工厂"软件将下载的文件转化为所需要的格式。"格式工厂"是比较全能的免费媒体转换软件，它支持视频、音频和图片等主流媒体格式的转换，以及媒体文件的分割与合并等功能。

（三）其他下载方法

- 使用 RealPlayer 下载
- 使用迅雷、网络快车、电驴、QQ 旋风下载
- 使用优酷、土豆下载
- 使用维棠 FLV 视频下载
- 使用 VDownloader 下载
- 使用傲游浏览器下载视频
- 使用灵狐网络视频下载大师下载
- 使用网络嗅探器轻松提取视频地址
- 直接查看 Internet 临时文件夹

六、课后练习

1. 她是《My heart will go on》的演唱者，被世界媒体誉为 20 世纪 90 年代至今的跨世纪天后歌手之一。2008 年 5 月 22 日在巴黎接受法国总统萨科齐亲自颁发的 Légion d'Honneur 骑士勋章，该歌手的英文名字是 _____ ？

2. 她成长在一个有着体育背景的家庭，母亲练过排球，父亲瓜尔伯托是位音乐家，叔叔是 20 世纪 70 年代古巴国家队在 400 米栏项目上的主力队员，曾跑出 51 秒 76 的成绩，是古巴第一位可以七步上栏架的跨栏选手，世界男子 110 米栏纪录保持者。2008 年他在捷克田径大奖赛的男子 110 米栏比赛中跑出 12 秒 87 的好成绩，打破了中国选手刘翔保持的 12 秒 88 世界纪录，但在 2012 年伦敦奥运会上，因伤无缘奖牌，该运动员的名字是 _____ ？

3. 宋祖英是我国著名女高音歌唱家，2003 年 11 月 23 日在奥地利维也纳金色大厅成功举办个人独唱音乐会，在演唱会上其用德文演唱的歌曲名字是 _____ ？

4. 该部电影改编自纪实小说《Deadly Confession》，是曾经轰动欧洲的一起真实事件。剧情描述一名由德国回到罗马尼亚的女子雅丽娜，赴山间探访从小在孤儿院一起长大的女子薇琪塔，却由于对感情太过执着，竟与当地坚守传统信仰

的修道院发生了冲突，殊不知上帝是世上最难被忌妒的情敌，她最终以一个意想不到的悲剧作结。该片的女主角获得第 65 届奥斯卡最佳女演员奖，两位女演员的名字是 ＿＿＿＿ 和 ＿＿＿＿。

七、竞赛链接

1. 张涵予饰演孙中山的一部电影中，主题歌的第一句是 ＿＿＿＿＿＿＿。（第 20 届）

2. 图 7-19 所示为第 30 届香港金像奖颁奖典礼，他从 ＿＿＿＿ 手中接过这个奖杯。（第 20 届）

3. 如图 7-20 所示，这部电影主人公的原型曾获得诺贝尔奖，在 ＿＿＿＿ 年获奖。（第 20 届）

图 7-19　竞赛链接题目 2 配图　　　　图 7-20　竞赛链接题目 3 配图

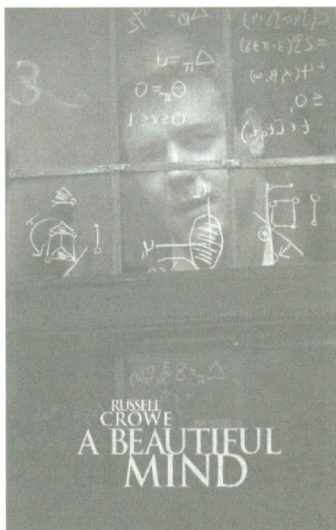

4. 嫦娥 1 号卫星搭载 30 首优秀歌曲升空，其中曾作为电影《红日》插曲的歌曲，它的第一句歌词是 ＿＿＿＿＿＿＿。（第 20 届）

5. 歌手蔡琴有一首歌唱鉴湖女侠的歌曲，第一句歌词是 ＿＿＿＿＿＿＿。（第 20 届）

八、总结回顾

小不懂，现在你学会搜索和下载音乐、视频、软件的方法了吧！随着互联网技术和搜索引擎技术的发展，未来人们对声音和视频的搜索还会更加快捷方便的。

九、我的收获

学会的知识	取得的成果
1. 根据歌曲名字搜索与下载	完成"试一试"_____ 道题
2. 根据歌手搜索歌曲与下载	完成"试一试"_____ 道题
3. 根据歌词搜索歌曲与下载	完成"试一试"_____ 道题
4. 使用语音搜索与下载	完成"想一想"_____ 道题
5. 使用关键词搜索与下载视频	完成"试一试"_____ 道题
6. 在线音乐、视频下载的 10 个妙招中	你会 _____ 种方法
7. 综合本节所学方法	完成"课后练习"_____ 道题
8. 综合本节所学方法	完成"竞赛链接"_____ 道题

第8章 生活百科

百事通，明天天气怎么样啊？

百事通，今天晚上电影频道有什么影片啊？

百事通，我要发一份快递，帮我联系一下吧！

百事通，我要找一份……

来了，来了！有了搜索引擎，还有什么找不到的？看我怎么充分使用搜索引擎来帮你吧！

一、学习要点

- 学会利用网络搜索天气、电视节目、电话号码、列车时刻、各地时间等信息。
- 灵活使用百度百科和维基百科。
- 学会使用手机搜索。

二、任务分析

每年假期，学校都会组织学生进行"人生远足"活动，今年计划与德国法兰克福的友谊学校进行友好交流。为了这次人生远足，你需要提前做好出行计划。现在，开始动手吧！

（一）生活资讯

最近一周的天气情况如何？直飞法兰克福的飞机有哪些航班？今天欧元与人民币的汇率是多少？网络正在悄无声息地改变着我们的生活，这些生活资讯可以通过网络便捷地获取到。

打开浏览器，在地址栏中输入 www.hao123.com，网站首页如图 8-1 所示。

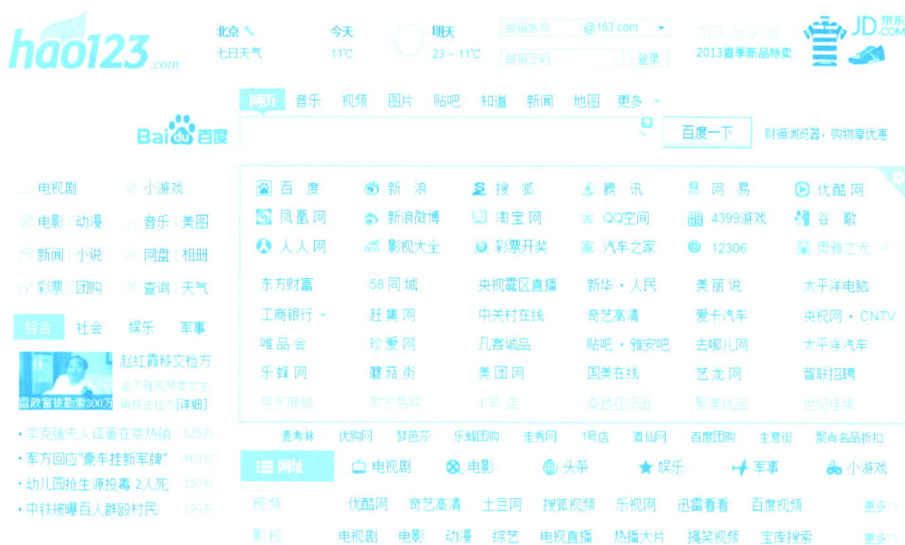

图 8-1 hao123 网站首页

1. 使用"生活服务"

hao123 网址之家提供音乐、视频、小说、游戏等热门分类的优秀网站导航，与搜索功能完美结合，提供导航服务。将页面向下滚动，单击"生活服务"栏目中的"查询"超链接（见图 8-2），进入"生活助手"页面，如图 8-3 所示。

图 8-2 "生活服务"栏目

"生活助手"栏目能够查询天气预报、列车与航班信息、电话归属地，还可以查看快递发送情况、最新的外汇牌价、电视节目预告……衣食住行，样样都包括。

2. 查询天气状况

1）查询北京天气预报

在图 8-3 中单击"天气预报"图标，出现图 8-4 所示的页面，显示北京最近一周的天气状况，也可以查询其他城市的天气状况，还可以定制自己关心的城市的天气情况。

图 8-3 "生活助手"页面

直接选择要查询天气的城市名称，或在搜索框内输入要查询的城市名称，进行天气查询。

使用定制，显示关心的多个城市天气。

图 8-4 天气

2）查询德国天气预报

旅行前一定要做好相应的准备工作，如了解目的地的天气状况。要想知道德国的天气，可以单击"相关气象网站"栏目中的"世界天气预报"超链接，如图 8-5 所示。

如图 8-6 所示，在打开的"世界天气信息服务网"页面的左侧，先选择"欧洲区域"，然后选择国家"德国（Germany）"，再选择城市，如"法兰克福"，即可看到当地的天气状况。

相关气象网站

中国天气网	中央气象台
新浪天气预报	天气在线
卫星云图	中国气象局
世界天气预报	墨迹天气
中国地震局	百度地震贴吧
中国台风网	中国气象视频网
钓鱼岛天气	天气网

图 8-5 相关气象网站

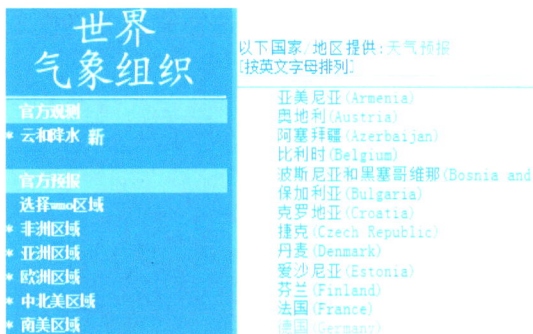

(a) 选择国家

(b) 选择城市

(c) 实时天气情况

图 8-6　查询世界天气

3. 假期行程提前准备

1）订机票

在"飞机票查询"栏目（见图 8-3）中，出发地点输入"北京"，到达地点输入"法兰克福"，如图 8-7 所示，然后单击"查询"按钮。

图 8-7　飞机票查询

在打开的页面中，选择机票的行程是单程还是往返，确定出发日期；然后单击"搜索"按钮，在列出的多个搜索结果中选择需要的飞机班次，如图 8-8 所示。

图 8-8　飞机票查询结果

2）查汇率

如图 8-9 所示，单击"金融理财"栏目下的"外汇牌价"图标，在打开的网页中可以快速了解当天的欧元与人民币的汇率，如图 8-10 所示。

3）知时差

利用"生活服务"栏目下的"世界时间"，可以方便迅速地查看世界各地时间。例如，北京在东 8 区，德国在东 1 区，时差为 7 小时。当北京时间为 13:11 时，德国时间为 6:11，晚于北京时间 7 小时，如图 8-11 所示。

图 8-9　"金融理财"栏目

货币名称	现汇买入价	现钞买入价	现汇卖出价	现钞卖出价	中行折算价
新台币		20.11		21.56	20.84
英镑	954.65	925.18	962.32	962.32	966.03
港币	79.17	78.53	79.47	79.47	80
美元	614.27	609.35	616.73	616.73	620.82
瑞士法郎	660.17	639.79	665.48	665.48	663.33
新加坡元	497.13	481.78	501.12	501.12	498.63
瑞典克朗	94.35	91.44	95.11	95.11	95.13
丹麦克朗	108.23	104.89	109.1	109.1	108.74
挪威克朗	106.35	103.06	107.2	107.2	106.69
日元	6.3075	6.1129	6.3519	6.3519	6.3807
加拿大元	607.9	589.13	612.78	612.78	615.92
澳大利亚元	627.12	607.76	631.52	631.52	636.75
欧元	807.06	782.15	813.55	813.55	817.84

图 8-10　实时汇率

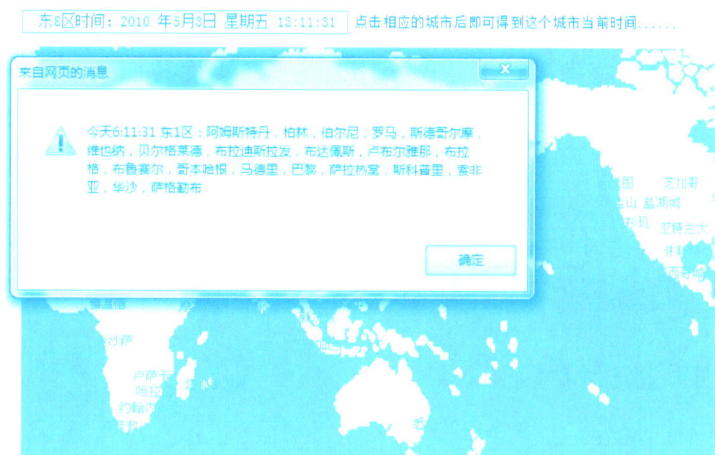

图 8-11　世界各地时间

　　现在，把你搜集的内容分类整理成出行计划书。想一想，此次的人生远足，你还想了解哪些知识？利用搜索引擎，详细完善你的出行计划吧！

（二）在线百科全书

1. 百度百科

1）百度百科首页

　　在浏览器的地址栏中输入 http://baike.baidu.com，进入百度百科的首页，如图 8-12 所示。百度百科对专有名词的搜索非常方便。

　　百度百科是一部内容开放的在线百科全书，包含值得人类世代传承的知识，所有中文互联网用户都可以在百度百科中找到全面、准确、客观的定义性信息。

图 8-12　百度百科首页

2）词条搜索

你知道我国第一座南极科考站位于什么岛吗？下面我们来解决这个问题。

在百度百科的搜索框中输入词条名称"中国南极科考站"，进入词条浏览页面，如图 8-13 所示。

图 8-13　百度百科的搜索页面

3）浏览百科

通过浏览搜索结果，了解到中国南极科考站目前总共有三个，分别是中国南极长城站、中国南极中山站和中国南极昆仑站。继续浏览网页，可以知道长城站建于 1985 年 2 月 15 日，中山站建于 1989 年 2 月 26 日，昆仑站建于 2009 年 1 月 27 日，如图 8-14 至图 8-16 所示。

从建站时间对比，可以知道我国第一座南极科考站是长城站。从图 8-14 中找到长城站坐落在南设得兰群岛乔治王岛。

长城站　　　　　　　　　　　　　　　　　　　　　　　　编辑本段

长城站建于1985年2月15日，坐落在南设得兰群岛乔治王岛；地理位置为：南纬62度13分59秒，西经58度 58分52秒。

长城站所在的乔治王岛，是南设得兰群岛中最大的一个岛屿。北面邻德雷克海峡，与南美洲的合恩角相距960公里；南面隔着布兰斯菲尔德海峡与南极半岛相望，距离约130公里。在该岛上，除长城站外，还有其他国家设立的7个考察站。与中国站相邻的有：智利的费雷站，俄罗斯的别林斯高晋站，乌拉圭的阿蒂加斯站和韩国的世宗王站。

图 8-14　长城站

中山站

编辑本段

简称中山站，是中国在南极洲建立的科学考察站之一，建立于1989年2月26日，中国赴南极考察队在南极大陆的拉斯曼谷陵上，建成了中国南极中山站。站址距北京12553.160千米。(69°22'24"S, 76°22'40"E)。以中国民主革命的伟大先驱者孙中山先生的名字命名。中山站位于东南极大陆伊丽莎白公主地拉斯曼丘陵的维斯托登半岛上，其地理坐标为南纬69度 22分24秒、东经76度22分40秒，与北京的方位角为32度30分50秒。中山站所在的拉斯曼丘陵，地处南极圈之内，位于普里兹湾东南沿岸，西南距艾默里冰架和查尔斯王子山脉几百千米，是进行南极海洋和大陆科学考察的理想区域。离中山站不远处有澳大利亚的劳基地和俄罗斯的进步站。

图 8-15　中山站

昆仑站

编辑本段

昆仑站是南极内陆冰盖最高点上的科学考察站。

中国南极内陆考察站的位置确定为：南纬80度25分01秒，东经77度06分58秒。高程4087米，位于南极内陆冰盖最高点冰穹A西南方向约7.3公里。

南极第3科考站命名为"昆仑站"已于2009年1月27日胜利建成，本次主要建设236平方米的主体建筑。该站为夏季站(12、1、2月的夏季开

图 8-16　昆仑站

4）编辑百科

百度百科不仅是开放的知识内容平台，还以开放的编辑方式保持内容不断丰富和完善。当你在百度百科中读到了错误的内容希望更正时，当你认为百度百科中词条的内容不够完善希望整理或补充时，当百度百科没有收录你想查阅的词条希望创建这个词条时，编辑百科就是你需要掌握的技能。

如果你确认所掌握的资料是客观真实的，并且有参考资料可以查证，那么可以单击图 8-13 中的"编辑词条"按钮或者"编辑本段"超链接来修改内容，并在更正的内容之后使用[1]参考资料功能标明参考资料来源。

2. 维基百科

在浏览器的地址栏中输入 http://zh.wikipedia.org，进入维基百科的首页，如图 8-17 所示。

名称和图标

图 8-17　维基百科首页

维基百科是一个内容自由、任何人都能参与、并支持多种语言的百科全书协作计划，它的目标是建立一个完整、准确和中立的百科全书。

与百度百科相同，在页面顶端的搜索框中输入关键词，然后单击 🔍 图标进行搜索。如果维基百科已经有要查看的词条，则会进入浏览页面；如果希望对已有词条进行补充完善，那么可以单击"编辑"超链接，对现有内容进行修改，其过程与百度百科类似，这里不再赘述。

（三）手机搜索

像个人计算机一样，智能手机具有独立的操作系统，可以自行安装软件、游戏等第三方服务商提供的程序。目前手机操作系统主要有 Palm OS、Symbian（塞班）、Android（安卓）、iOS、BlackBerry（黑莓）OS 6.0、Windows Phone 8 等，图 8-18 所示为安卓和 iOS 的图标。

以安卓系统为例，基于安卓系统的网络浏览器很多，如 UC 浏览器、QQ 浏览器、火狐浏览器、百度浏览器等，图 8-19 所示为这些软件的图标。不论智能手机安装哪种浏览器，搜索信息的方法与在个人计算机上搜索信息的方法一样。按照前面的介绍，你一定能快速高效地搜索到需要的信息。

图 8-18　主流手机操作系统的图标　　　　图 8-19　基于安卓系统的网络浏览器的图标

三、试一试

1. 搜索某个你熟悉的手机号码的归属地。

手机号 ＿＿＿＿＿＿　归属省份 ＿＿＿＿＿＿　归属城市 ＿＿＿＿＿＿
城市区号 ＿＿＿＿＿　城市邮编 ＿＿＿＿＿＿　运营商 ＿＿＿＿＿＿
（搜索提示：参考图 8-3。）

2. 查询昆明市的邮政编码 ＿＿＿＿＿＿。
（搜索提示：参考图 8-3。）

3. 如图 8-20 所示，后母戊鼎是我国古代现存最重的青铜器，从后母戊鼎的发现地到现在的存放地，早晨发车最早的动车车次为 D＿＿＿＿。（填

写阿拉伯数字）

搜索提示：

（1）打开百度百科，搜索词条"后母戊鼎"，后母戊鼎的发现地是 _____，现在的存放地是 _____。

（2）打开 hao123 网址之家，找到"生活服务"栏目下的"火车票查询"，出发地点选择 _____，到达地点选择 _____，查询车次。

4. 图 8-21 中提到的影响食品安全的物品，中国化学品名为 _____。（填写四个汉字）

5. 图 8-22 所示的工具为桔槔，现存最早的对这种工具的记载见于 _____。（填写两个汉字）

图 8-20 后母戊鼎

图 8-21 影响食品安全的物品

图 8-22 桔槔

四、想一想

小明的爸爸周末出差去新疆的乌鲁木齐，在衣食住行方面，你有哪些提议？（提示：从交通工具、天气状况、准备行李等方面考虑）

五、阅览室

李兴平，hao123 网址之家创始人。网站自 1999 年正式上线，至 2004 年 9 月 1 日 Alexa 全球排名第 26 位，超过国内许多著名专业网站。从它创立的那一天起，

hao123 凭借简洁的页面、相对公正的网站拣选，成为许多网民开机后的第一选择。2004 年 8 月 31 日，百度宣布成功收购 hao123 网址之家。

六、课后练习

1. 在古代，春天流行荡秋千的活动，有一个节日被称为"秋千节"，相当于现在的 _____ 节。

2. 芭蕾舞剧《春之祭》的作者是 _____。

3. 从南京出发到淮南，用时最短的一次列车，其车次是 _____。

4. 小说《浪漫鼠德佩罗》是以小老鼠作为主角，并于 2004 年 1 月 14 日获得纽伯瑞儿童文学奖的童话。它于 2005 年由 _____ 出版社在中国境内出版。

5. 玻璃纱又称为巴里纱，是一种用 _____ 组织织制的稀薄透明织物。

6. 图 8-23 所示的标志是一个认证体系，在这个体系中有 _____ 条原则作为实施基础。

图 8-23　认证体系标志

七、竞赛链接

1. 安娜的妈妈老家在四川眉山，从北京出发要乘坐 _____ 次列车。（填写大写英文字母和阿拉伯数字）（第 22 届）

2. 安娜与朋友伊娃相约去扬州玩，先电话通知扬州的家人，电话区号是 _____。（填写数字，如 010，在半角状态下）（第 21 届）

3. 安娜游览完扬州，准备乘坐火车去洛阳，如果上午出发，那么发车时间为 _____。（使用形如 12:00 的形式填写）（第 20 届）

4. 安娜与朋友从成都出发，坐火车去都江堰，到最近的车站，车票价格为 _____ 元。（填写阿拉伯数字）（第 22 届）

5. 因为工作原因，伊娃与父母一起来到中国，从乌克兰首都飞往北京，飞机停靠在北京国际机场 _____ 号航站楼。（填写一个数字，如 9，在半角状态下）（第 21 届）

八、总结回顾

经过前面的学习，小不懂，你会用网络查找生活的各类信息了吗？其实，用于查询生活资讯的网站有很多，不只局限于 hao123，像新浪、搜狐、MSN 等网站都提供资讯服务，只要掌握了搜索的方法，你就可以在网络的海洋中畅游了。

九、我的收获

学会的知识	取得的成果
1. 学会利用网络搜索天气预报、电话号码、飞机列车时刻、各地时间等	"试一试" _____ 道题
2. 灵活使用百度百科和维基百科的词条搜索，快速准确地找到需要的知识	"想一想" _____ 道题
3. 了解百科的编辑方法，亲自尝试对百科内容的丰富和完善	"课后练习" _____ 道题
4. 学会使用手机搜索，方便生活	"竞赛链接" _____ 道题

第9章 综合应用

百事通，明天我们学校要组织社会实践活动，去长城，我想找一些关于长城的资料。

没问题，小不懂，跟我来吧！

一、学习要点

综合利用网络信息搜索的方法和技巧，解决"'十一'社会实践活动——长城行"中遇到的一些实际问题。

- 进一步熟悉常用的搜索引擎。
- 温习利用搜索引擎解决生活中的路线选择问题。
- 温习利用搜索引擎查询各地天气。
- 温习下载歌曲的方法。

二、任务分析

（一）了解万里长城

百度提供了专门针对图片、视频、MP3、百科等专题信息的搜索服务，只需要输入相应的关键词，就可找到需要的内容。

打开百度首页（www.baidu.com），在搜索框中输入"万里长城"，然后单击"图片"标签，搜索结果页面如图 9-1 所示。在搜索框中输入"万里长城"，单击"视频"标签，搜索结果页面如图 9-2 所示。在搜索框中输入"万里长城"，单击"音乐"标签，搜索结果页面如图 9-3 所示。在搜索框中输入"万里长城"，单击"百科"标签，搜索结果页面如图 9-4 所示。

图 9-1　关于"万里长城"的图片

图 9-2　关于"万里长城"的视频

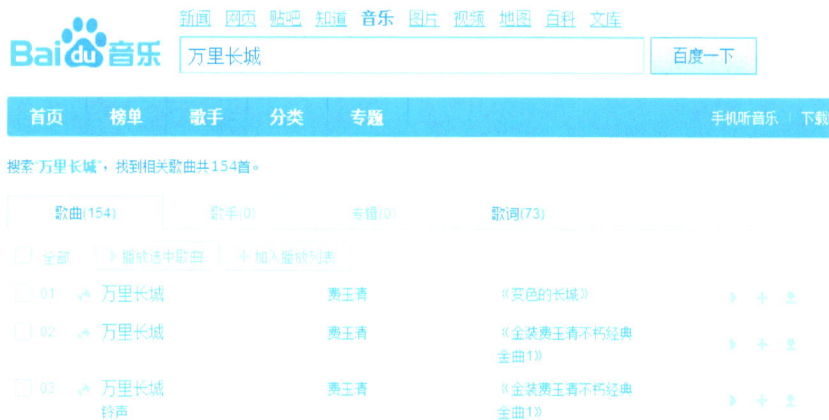

图 9-3　关于"万里长城"的音乐

图 9-4 关于"万里长城"的百科

（二）路线和时间

"十一"社会实践活动的路线是 7:30 在校门口集合，坐大巴车去居庸关长城。首先，要明确起点和终点位置，其次选择好出行方式（如公交、地铁、驾车），最后选择好搜索引擎。下面以谷歌为例，看看如何找到所需的路线和时间。

打开浏览器，在地址栏中输入 www.google.com.hk，谷歌首页如图 9-5 所示。

图 9-5 谷歌首页

单击左上角的"地图"标签，然后在页面左侧依次选择"中国"和"北京市"，如图 9-6 所示。

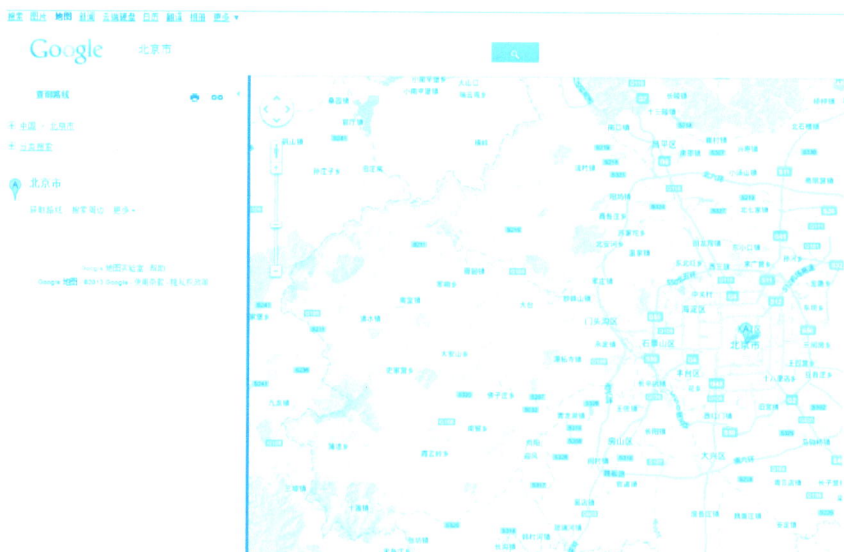

图 9-6　谷歌的北京市地图

单击"查询路线"按钮，先在 A 处填写出发地址，在 B 处填写到达地址。当输入的目的地没在列表中时，可以再进行精确的选择。例如，在 B 处输入"居庸关长城"后，在下面的列表中选择"居庸关长城入口停车场"选项，如图 9-7 所示。最后，单击到达地址文本框下面的　查询路线　按钮，查询结果如图 9-8 所示。

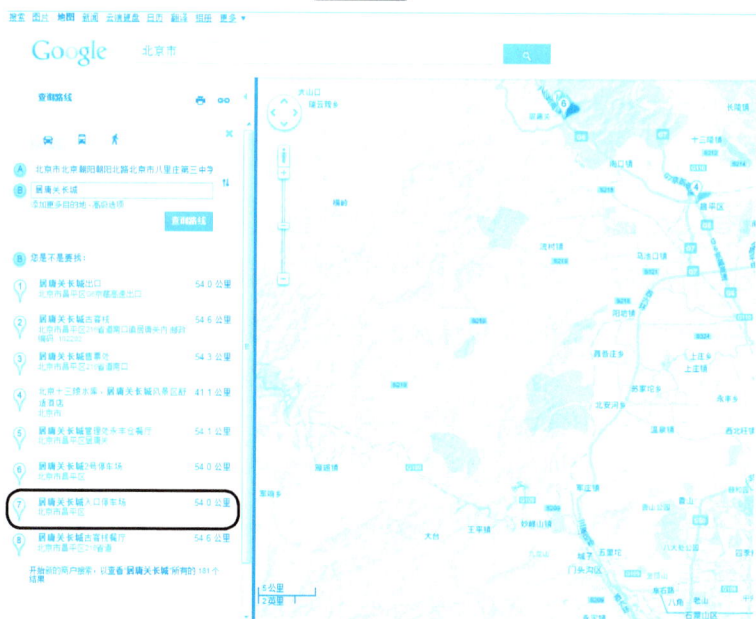

图 9-7　确定地址

图 9-8　路线查询结果

（三）近期北京天气

　　三天后要去居庸关长城游玩一天，需要知道近期的天气情况。想了解未来 3~5 日内的天气情况，可以在百度的搜索框中输入"北京 && 5 日 && 天气预报"进行查找。图 9-9 所示为查询结果中的相关搜索，通过比较发现"北京天气预报一周"更符合我们的查询目标。

相关搜索	北京十五日天气预报	北京15日天气预报	北京7日天气预报	北京28日天气预报	5月3日北京天气预报
	北京5月1日天气预报	北京29日天气预报	北京天气预报	北京天气预报一周	北京天气预报15天

图 9-9　相关搜索

　　单击"北京天气预报一周"超链接，搜索结果如图 9-10 所示。
　　在网上查询各地天气预报比较好的方法是尽可能地找到地方气象台的网站。比较起来，地方气象台的信息会更准确一些。

（四）《长城长》歌曲

　　旅途上欣赏音乐、放声高歌是必不可少的活动。下面以董文华演唱的《长城长》这首歌为例，介绍如何下载我们喜欢的歌曲。

图 9-10 北京天气搜索结果

（1）打开浏览器，在地址栏中输入 http://mp3.sogou.com。

（2）输入关键词，并选择歌曲类型，单击"搜狗搜索"按钮，如图 9-11 所示。

图 9-11 搜索歌曲《长城长》

（3）单击"试听"按钮，看看是否是自己想听的歌曲。如果是，那么单击"下载"按钮，将音频文件保存到计算机中。

（五）计算机网络使用安全

计算机网络是信息传输、接收和共享的虚拟平台，它是人们信息交流的一种工具。网络本身是一种非常好的信息工具，但目前却没有充分发挥其价值，主要原因在于网络信息的虚假性。

在虚拟的网络世界中，鱼目混珠、泥沙俱下的情况是难以避免的。那么，如何预防网上欺诈、识别经营型网站的真伪，让自己少上当、少走弯路呢？

（1）浏览信任的网站。我们浏览网络信息的时候应尽可能地浏览一些由国家、政府开办的官方网站，或有一定规模和知名度的公司网站，在这些网站上查询所需的信息。

（2）向权威机构核实。将网站的域名在域名注册网站上查阅，会看到该域名的注册人是个人还是企业。如果是个人注册的，那么其可靠性就值得怀疑。

（3）根据原有经验判别。虚假信息的主人一般都不使用真实姓名，其在网上的痕迹一般很少，因为担心出事之后难以逃脱关系。

（4）根据信息来源途径判断。虚假信息的主人总是要求我们通过电子邮箱或者手机来联系他（她），因为电子邮箱和手机容易更换。

根据上面的方法，辨别虚假信息就不难了。首先，通过搜索引擎进行搜索，看看是否能够找到相关信息主人的背景资料，如果不能，那么虚假信息的可能性就很大了；其次，看看其联系方式是不是只用手机，能不能即时联系上他（她），同时对其信息的表达进行分析，看看是否有意修饰；最后，尝试一下能否搜索到其姓名对应的身份证号码，通过身份证号码查询来判断此人的真实性。

三、试一试

1. 在谷歌中输入"万里长城"，看看搜索结果如何？你更喜欢用哪一个搜索引擎？

2. 在中国天气网（http://yahoo.weather.com.cn）上查询天气情况。

3. 在北京市气象局网站（http://www.bjmb.gov.cn）上查询天气情况。

4. 在搜狗音乐中输入关键词时，如果只输入"长城长"，搜索的结果有变化吗？

四、想一想

1. 居庸关在北京的哪个区县？

2. 你还知道通过哪些搜索引擎可以获得出行路线和时间吗？

3. 如图 9-12 所示，你知道这两个选项的作用吗？

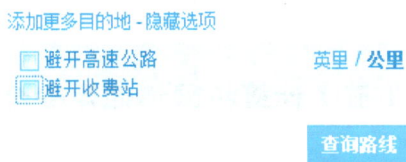

添加更多目的地 - 隐藏选项

☐ 避开高速公路　　　　　　英里 / 公里

☐ 避开收费站

查询路线

图 9-12　更多的查询选项

五、阅览室

1. 中文搜索引擎指南：http://www.sowang.com/link.htm。

2. 1001 经典搜索案例：http://www.sowang.com/sousuo/2002-08-23.htm。

3. 搜索小窍门

（1）条条大路通罗马。不要局限于一个搜索引擎。当搜索不到理想的结果时，试着用另外一个搜索引擎。

（2）火眼金睛辨广告。去伪存真，提高效率。

（3）关键词的选择最关键。缩小搜索范围的简单方法就是添加搜索关键词，一般只要在关键词中间留空格或"+"（和）与"-"（排除）即可。

（4）帮助系统解困难。搜索引擎一般都为用户提供帮助栏目。

4. 案例阅读

王娜打开计算机后，在网页中弹出一个窗口：正值腾讯 11 周年庆典活动，头等奖奖金 8 万元，恭喜您的 QQ 中二等奖，获得 5.8 万元现金和一台三星笔记本电脑。窗口内还弹出了验证码。确认验证码后，王娜相信幸运降临到自己头上，于是输入了身份证号码、地址和电话。

很快电话就打来了，对方要求王娜交 1300 元的保证金。王娜想，既然中得几万元的大奖，给 1300 元的保证金自然也划算。于是，她随后到银行按对方指定的账号汇去了 1300 元。随后，对方通知"您获得大奖，应缴税 1.16 万元"，还称奖品已发出，中间商需要保证金 2.2 万元，又称保证金不够需要继续汇保证金。被幸运冲昏头脑的王娜一一照办。反复几次，她已经汇出 5.5 万元。这时，王娜将电话打过去，但对方的电话已经欠费关机。

因此，对网络中涉及财物方面的信息，要特别提高警惕。在接到类似信息后，我们应进一步核实信息，不要轻易相信各类"诱惑"信息。

5. 常用信任网站

（1）常用的中文搜索引擎网站主要有谷歌（http://www.google.com）、百度（http://www.baidu.com）、雅虎中国（http://cn.yahoo.com）等。

（2）学科网站列表

分类	名　　称	网　　址
信息技术	中小学信息技术教育网	http://www.nrcce.com
	信息技术课程网	http://www.ictedu.cn
语文教学	语文教学资源网	http://www.chinabe.net
	中国语文网	http://www.cnyww.com
	中学语文中考高考资源网	http://www.ywzk.com
	语文天地网	http://www.ywtd.com.cn/gb/node/2005-05/17/default.htm

续表

分类	名　　称	网　　址
数学 教学	学科资源 - 数学	http://zhjyx.hfjy.net.cn/special/subject/gzsx
	中学数学教与学	http://210.39.136.105/sites/shuxue
	初中数学网	http://czsxw.d60.zgsj.com/index.asp
	中学数学资源网	http://www.1230.org/index.html
英语 教学	学科资源 - 初中英语	http://zhjyx.hfjy.net.cn/special/subject/czyy
	英语文学网站资源	http://www.cycnet.com/englishcorner/digest/literature.htm
	新知堂	http://www.xinzhitang.com.cn
化学 教学	化学教学资源网	http://www.chemteach.com
	中学化学教学资源	http://www.yeschool.net/phd/file/menu.htm
	中学化学教与学	http://zxhx.stedu.net
	中学化学同步辅导	http://www.huaxue123.com
	中学化学教学网	http://www.huaxue.org/first.asp
综合 学科 资源 中心	中小学教育资源网	http://www.eduye.com
	学科教育网	http://www.topcai.com/home/down/index.asp
	中教育星资源库平台	http://zhjyx.hfjy.net.cn
	新世纪课程网	http://www.xsj21.com/index.php
	百分资源网	http://www.cnern.com
	精品教育网	http://www.supedu.com

六、课后练习

1. 禽流感，全名是鸟禽类流行性感冒，是由 ＿＿＿＿ 引起的动物传染病，通常只感染鸟类，少见情况会感染猪。＿＿＿＿ 高度针对特定物种，但在罕有情况下会跨越物种障碍感染人。自从 1997 年在香港发现人类也会感染禽流感之后，此病症引起全世界卫生组织的高度关注。（提示：利用百度百科）

2. 查查你家到学校的最短距离是多少？根据现实和网络查询情况，你现在选择的路线是最合适的吗？

3. 下载歌曲《最初的梦想》保存下来，并将歌词用记事本的形式保存下来。

4. 你在网络中遇到过虚假信息吗？你是如何分辨出来的？又是怎样解决的呢？

七、竞赛链接

1. 电话 +1 212 326 7000 是联合国 _____ 基金会的工作电话。（第 20 届）

2. 电影和电视剧《手机》的原著作者在 2009 年出版的一部作品是《_____》。（第 20 届）

3. 一台计算机的 IP 地址为 "61.135.79.23"，这台计算机位于 _____ 市。（填写中国城市名称）（第 20 届）

4. 磁悬浮技术的研究和超导相关，超导现象的效应有零电阻效应，还有 _____ 抗磁性效应。（填写两个汉字）（第 20 届）

八、总结回顾

小不懂，有关于网络搜索方面的知识还有很多，你要在今后的学习和生活中继续努力学习啊！而且，别忘了把你学到的知识在网络上与大家共享啊！

九、我的收获

学会的知识	取得的成果
1. _____ 是百度为网友提供的信息存储空间，是一本内容开放、自由的网络百科全书	"试一试" _____ 道题
2. 查询路线时，我们先要明确 _____ 和 _____ 位置，其次选择好 _____ 方式（如公交、地铁、驾车），最后选好搜索引擎	"想一想" _____ 道题
3. 天气查询时，你选择 _____ 网站	"课后练习" _____ 道题
4. 预防网上欺诈、识别经营型网站真伪的方法	"竞赛链接" _____ 道题

参 考 文 献

百度百科 . http://baike.baidu.com

百度文库 . http://wenku.baidu.com

对搜索引擎未来发展的八大趋势预测 . (2013-4-11)[2013-6-10]. http://bbs.chinaz.com/ club/ thread-6504156-1-1.html

计算机表演赛官方网站 . http://www.wotime.com.cn

凌美秀 . 2001. 关于搜索引擎当前存在的主要问题及其发展趋势的探讨 . 高校图书馆工 作 , (5): 39

刘二稳 . 2004. 网络信息检索中存在的问题及对策 . 晋图学刊 , (1): 45-46

刘红雨 . 2005. 网络搜索引擎的现状及其技术发展研究 . 科技情报开发与经济 , (6): 68-70

彭轲 , 廖闻剑 . 2008. 浅析搜索引擎 . 中国通信学会第五届学术年会论文集

识别虚假网站的办法 . (2012-12-13)[2013-6-10]. http://wenku.baidu.com/view/36222b360 912a2161479294b.html

王洪 , 周毅华 . 2002. 因特网搜索引擎的应用研究 . 科技情报开发与经济 , (5): 8-10

维基百科 . http://zh.wikipedia.org

第三代搜索引擎要经历三个发展阶段 . (2012-5-24)[2013-6-10]. http://hi.baidu.com/ xinhuayunke/item/ 6e0b2c8050461bcce596e073

参 考 答 案

第 1 章

六、课后练习

（一）填空题

1. 杏仁桉   2. 巴拿马   3. 荷兰四宝

（二）简答题

略。

（三）制作题

略。

七、竞赛链接

1. 4   2. 先农   3. 伊朗

4. 沈从文   5. Heimlich

第 2 章

三、试一试

1. 德国   2. 双避式

四、想一想

1. 五   2. RISC   3. 木马

六、课后练习

1. 反射   2. 支付宝   3. 3

4. 养生主   5. 诗鬼

七、竞赛链接

1. 黎元洪   2. 湖南   3. 人民

4. 天平动   5. 缕悬

第 3 章

三、试一试

1. 田汉   2. 介休

六、课后练习

1. 昼夜平分   2. 爱神   3. 拉丁文

4. 战斧   5. 4179

七、竞赛链接

1. 儿童时代   2. 寒食   3. 大英

4. 印度   5. 锂离子

第 4 章

三、试一试

1. http://www.google.com.hk/advanced_search

2. 使用 site 指令   3. 使用 allintitle 指令

四、想一想

1. 语法搜索、使用符号   2. 使用高级搜索功能

六、课后练习

1. 搜索"intitle: 南瓜饼"   2. 搜索"intitle: 互联网"

七、竞赛链接

1. 弟弟   2. 甲   3. 菲尔兹   4. 麻省理工学院

第 5 章

六、课后练习

2. 使用百度文档搜索   3. 使用 filetype 指令

七、竞赛链接

1. 李商隐   2. 10   3. 伽利略

4. 民生主义   5. 宋教仁

第 6 章

三、试一试

1. 奥林匹克公园（提示：百度识图）

2. 德   3. 1963

六、课后练习

1. 易建联（提示：国家队、篮球、11 号球员）

2. 见右图

3. 竖笛，长笛、双簧管、单簧管、排萧和低音管

4. 132 路，361 路→975 后沙峪，677 → 404，966

5. 阿丽亚娜

6. 阅马场

7. 拜将台

8. 上等第三级（提示：首先找到辛亥革命前黎元洪为清政府新军第二十一混成协协统（相当于后来的旅长），然后可以找到网页 http://bbs.voc.com.cn/topic-1593568-1-1.html。）

七、竞赛链接

1. 古琴（提示：中国 古老的器乐 图片）

2. 达利（提示：百度识图）

3. 现代艺术（提示：以图识图 知道 梵高 星空，再搜索梵高 星空收藏纽约博物馆）

4. 东京

5. 华威

6. 卧佛寺

第 7 章

三、试一试

（一）搜索与下载以下歌曲

1. 爱在西元前、爸我回来了、简单爱、忍者、开不了口、上海一九四三、对不起、威廉古堡、双截棍、安静

2. 梁静茹

3. 韩红，《天路》

4. 你的微笑是一个暗号，《另一个天堂》

（二）搜索以下问题

1. 房祖名　　　　　　　　2. 沃尔夫冈·彼德森（Wolfgang Petersen）

3. 理查德·帕克　　　　　　4. 李云迪

（三）使用语音搜索功能搜索并下载以下内容

1. 吴莫愁　　　　2. 羽泉　　　3. 杨魏玲花，曾毅　　　　4. Jake Bugg

六、课后练习

1. Celine Dion　　　　　　2. 戴龙·罗伯斯

3. 野玫瑰　　　　　　　　4. 克里斯蒂娜·佛罗托、考斯米娜·斯坦达

七、竞赛链接

1. 你的无奈　　　　　　2. 刘青云　　　　　　3. 1994

4. 一座座青山紧相连　　　5. 黑暗的深闺

第 8 章

三、试一试

3. 134

4. 克伦特罗

5. 庄子

六、课后练习

1. 清明

2. 斯特拉文斯基

3. K8366

4. 新蕾

5. 平纹

6. 七

七、竞赛链接

1. K117

2. 0514

3. 11:20

4. 15

5. 2

第 9 章

略。